CASOS CLÍNICOS

em Psiquiatria, Psicanálise e Saúde Mental

Rafael Miranda de Oliveira | Organizador

CASOS CLÍNICOS

em Psiquiatria, Psicanálise e Saúde Mental

Rafael Miranda de Oliveira | Organizador

Alexandre Costa-Val
Ana Luíza Silva Müller
Ana Paula de Alcântara Freitas
Camila Mendes Guimarães
Carlos Eduardo Leal Vidal
Diego Peixoto de Souza
Edmundo Araújo Neto
Elisa Alvarenga
Francisco de Assis Pinto Cabral Júnior Rabello
Giulia Campos Lage
Larric Johnny Malacarne
Lorena Bórgia Moreira Maia
Ludmila Oliveira Maiolini
Luís Fernando Duarte Couto
Marconi Martins da Costa Guedes
Maria Clara Soares Silveira Cardoso
Marina Janot Pacheco de Castro
Marjore Novaes Faria
Maurício Viotti Daker
Pedro Filgueiras de Campos
Saulo Carvalho
Sérgio de Campos
Rafael Miranda de Oliveira
Tárik Jabour Venuto
Thalisson Xavier Sousa

Artesã

Casos Clínicos em Psiquiatria, Psicanálise e Saúde Mental

DIRETOR
Alcebino Santana

COORDENAÇÃO EDITORIAL
Karol Oliveira

DIREÇÃO DE ARTE
Tiago Rabello

REVISÃO
Silvia Barbosa

CAPA
Ana Stancioli Castriota

PROJETO GRÁFICO E DIAGRAMAÇÃO
Conrado Esteves

C341 Casos clínicos em psiquiatria, psicanálise e saúde mental / organizador : Rafael Miranda de Oliveira. – Belo Horizonte : Artesã, 2022

220 p. ; 23 cm.

ISBN: 978-65-86140-89-7

1. Psiquiatria. 2. Psicanálise. 3. Saúde mental. I. Oliveira, Rafael Miranda de.

CDU 616.89

Catalogação: Aline M. Sima CRB-6/2645

IMPRESSO NO BRASIL
Printed in Brazil

(31)2511-2040 (31)99403-2227
www.artesaeditora.com.br
Rua Rio Pomba 455, Carlos Prates - Cep: 30720-290 | Belo Horizonte - MG
/artesaeditora

DEDICATÓRIA

Dedico este livro a todos preceptores e residentes do Instituto Raul Soares que, ao longo dos anos, contribuíram para a sustentação de uma práxis orientada ao particular do caso.

NOTA TÉCNICA

Informamos que todos os nomes e demais dados que identifiquem os pacientes são fictícios, de modo a resguardar suas identidades.

Informamos também que todos os casos clínicos publicado neste volume, em seu formato original, foram submetidos e tramitados pelo Núcleo de Apoio e Pesquisa da FHEMIG.

AGRADECIMENTOS

Agradeço ao Professor Maurício Viotti Daker, a quem devemos o crédito dessa empreitada, pelo estimado apoio.

Agradecemos à Gerência de Desempenho, Desenvolvimento, Inovação e Pesquisa da Fundação Hospitalar de Minas Gerais pelo apoio na realização deste projeto.

SUMÁRIO

PREFÁCIO

Existe uma anedota que há muito circula entre os médicos. Nela, afirma-se que o clínico geral sabe muito e não resolve nada, o cirurgião não sabe nada e resolve muito, e o psiquiatra não sabe nada e não resolve nada.

Para além do exagero, da maledicência e da rivalidade que encerra, vale a pena ocupar-se um pouco da verdade em jogo na anedota. Penso que podemos operar nessa oposição saber/resolver, localizando aí dois pilares importantes da formação médica: o saber e a técnica.

Por essa via, podemos dizer que a anedota sustenta que, no campo da cirurgia, a técnica ganha muitas vezes prevalência sobre o saber. Por mais que uma boa clínica cirúrgica se faça necessária ao bom cirurgião, o ato cirúrgico em si é eminentemente técnico. Trata-se muitas vezes de uma habilidade singular, e, porque não dizer, de um dom. O cirurgião, em seu ato, intervém sobre o corpo em uma posição de mestria e sua boa técnica é publicamente reconhecida. É importante ressaltar que tal mestria se exerce sobre um corpo reduzido à sua dimensão biológica, o que tem como consequência que, durante o ato cirúrgico, o paciente é um objeto assujeitado integralmente ao ato. Podemos dizer que o paciente entrega seu corpo ao saber e, sobretudo, à técnica do mestre cirurgião, e tal entrega se dá às custas do absoluto apagamento de sua subjetividade. Tal apagamento é incontestável, se pensarmos que um ato cirúrgico se faz na maioria das vezes às custas de um ato anestésico, o que expressa bem essa posição subsumida e a confiança em jogo.

Por sua vez, a prática de um clínico geral, o exercício da clínica médica – que, diga-se de passagem, encontra cada vez menos médicos dispostos a exercer –, exige uma vasto alcance do saber médico. A diversidade do adoecer, das afetações do corpo, a multiplicidade dos sinais e sintomas convocam esse "saber muito" assinalado na anedota. Por outro lado, as ações diretas sobre o corpo ficam na dependência das respostas que esse corpo pode produzir a partir dos efeitos daquilo que um clínico tem como recurso, sobretudo os fármacos. Mais além disso, um paciente diante do ato clínico não está nessa posição absolutamente assujeitada como vimos na relação do paciente com o cirurgião. Ele pode até se oferecer como objeto a partir de uma posição de confiança, ou mesmo de amor, consequência do laço transferencial estabelecido. Faz parte, inclusive, da prática de um clinico um bom manejo da chamada relação médico-paciente. Contudo, tal entrega não se dá numa posição de apagamento absoluto de sua alteridade. A evolução do tratamento depende fundamentalmente de uma boa parceria, na qual o paciente entra com o corpo em sua dimensão biológica, mas também com seu corpo enquanto efeito de sua subjetividade. O paciente de um clinico é um paciente desperto. Aí encontraremos uma parte da limitação que se impõe à sua técnica. Toda a amplitude do saber de um clinico esbarra nessa alteridade que se mantém tanto do corpo biológico e de suas respostas, quanto do corpo em sua experiência subjetiva. Mas além de um corpo objetalizado, o clinico tem que se haver com um sujeito e suas próprias escolhas.

Já o psiquiatra, seguindo a anedota, é colocado em suspensão, seja interrogado em seu saber, seja em sua técnica.

Afinal, o que sabe um psiquiatra?

Costumo dizer que aquele que busca a psiquiatria como sua especialização tem em sua escolha, consciente ou inconscientemente, a experiência desse nada em jogo. O saber construído pela ciência em sua relação com a medicina é insistentemente interrogado pela experiência clínica na psiquiatria. Os avanços da leitura biológica dos acontecimentos do corpo em sofrimento mental, que buscam reduzir a experiência psiquiátrica a uma verdade biológica, esbarram frequentemente na ausência de marcadores biológicos confiáveis e na diversidade das respostas individuais aos métodos terapêuticos. Diria que o esforço de reduzir a psiquiatria à biologia é um esforço de fazer o psiquiatra saber muito e resolver muito. É um sonho, há uma inevitável exterioridade do sofrimento mental ao saber.

A estatística surge, então, como estratégia de construir um todo saber, algo mais consistente. Busca-se, no somatório dos números, nas meta-análises, uma verdade soberana sobre o adoecer psíquico, e esquece-se que a experiência singular, subjetiva, de um paciente, seu enlouquecimento, eu diria, é exatamente aquele ponto fora da curva.

Exercer a psiquiatria é se haver com uma exterioridade à própria medicina. O sofrimento mental escapa aos paradigmas médicos, e esse é o paradoxo do psiquiatra, que, como expressei acima, orienta inclusive a escolha da especialidade.

Uma diferença fundamental que encontramos no paciente psiquiátrico é que muitas vezes ele se encontra assujeitado a uma experiência de um corpo tomado por um mestre, ou por efeitos que o deixam perplexo, que retornam sobre ele como uma estranha alteridade. É assim a vivência psicótica. Deste modo, diferentemente do cirurgião, que tem seu paciente subsumido à sua mestria, ou das parcerias possíveis que um clínico pode estabelecer com seu paciente, na psiquiatria o profissional precisa entrar como um competidor contra aquilo que já domina o corpo de seu paciente, resgatá-lo, ou, muitas das vezes, construí-lo. Para tanto, é preciso um bom manejo do que se passa na singularidade do caso, uma estratégia, para que, não se deixando tomar por uma crença absoluta em seu saber, o psiquiatra consiga evitar constituir-se em mais um invasor que submeta o corpo de seu paciente ao sofrimento ou despedaçamento.

Essa realidade clínica rejeita os saberes prontos de antemão. Nesse campo, o psiquiatra não sabe nada, e vai ter que se haver com o caso a caso e como se inventar nessa realidade. Aí esta, a bem da verdade, a verdadeira refratareidade.

Não quero aqui dizer que os avanços farmacológicos não nos tenham aberto um caminho para uma abordagem clínica menos hospitalar e contensora dos pacientes, assim como as pesquisas neurobiológicas puderam revelar um pouco do substrato do que acontece no corpo em seu acontecimento insano.

Mas a situação própria da experiência da loucura torna o uso desses recursos uma possibilidade a ser tentada de acordo com o consentimento e a parceria que puder ser inventada. Tal situação não é exclusiva da psiquiatria, mas é aí onde ela se revela mais explícita, é ai onde nada se sabe e nada se resolve. E é a partir desse lugar que o psiquiatra pode inventar um tratamento.

Ser psiquiatra implica em acolher as invenções de seu paciente, mais além do lugar sonhado pelo médico. Isso significa aliviar o paciente de sua posição assujeitada. Sem dúvida, esse é o convite da experiência psiquiátrica, que convoca a cada um que se arrisca a ela.

Este livro apresenta trabalhos que são fruto das reuniões da Seção Clínica da Residência de Psiquiatria do Instituto Raul Soares – IRS/FHEMIG. Nele, podemos encontrar o esforço de preceptores e residentes, na diversidade de sua orientação, marca fundamental dessa residência, em inventar uma prática psiquiátrica com o que se sabe e também com o que não se sabe. Não se trata de um esforço em resolver um problema, mas de mudar seus rumos, de permitir ao sujeito que sofre fazer com seu problema, um uso menos destrutivo ou devastador, que lhe permita viver. A residência de psiquiatria do IRS funciona há 50 anos ininterruptamente e, desde seus primórdios, é marcada por essa diversidade de orientações. Na residência do IRS, o nada saber e nada resolver são parceiros do algum saber.

Não poderia deixar de assinalar que este livro foi gestado nos período crítico que vivemos em função da pandemia da COVID-19 e da crise sanitária por ele provocada. Ao longo de 2020, pudemos testemunhar como a anedota perde todo o seu valor quando nos deparamos com o não saber e o não resolver que o vírus impôs sobre todos nós. Presenciamos também a dificuldade de muitos colegas com esse nada, vendo se multiplicar soluções terapêuticas que beiram o misticismo, algo que a princípio consideramos como externo à medicina. Esses tempos difíceis mostraram que muitos médicos, em sua angústia, buscam escapar da dura realidade desse encontro com o nada saber e o nada resolver.

Henri Kaufmanner

APRESENTAÇÃO:

O ESTUDO DE CASO COMO PROPOSTA DE UM RETORNO À CLÍNICA

A construção do conhecimento científico acerca do adoecimento mental requer visão múltipla e integradora que possibilite apreender o objeto de estudo na devida complexidade. Nesse contexto, a Psiquiatria, a Psicanálise e a Saúde Mental configuram matrizes teóricas necessárias para a composição de um quadro epistemológico acerca da patologia mental. Se por um lado, a composição desses saberes é imprescindível para edificar um fundamento teórico acerca da psicopatologia, por outro lado, a clínica consiste em condição fundamental para a sustentação desse saber enquanto área do conhecimento aplicável. Situada no encontro entre a ciência fundamental e a ciência aplicada, o saber clínico diz respeito a um campo do conhecimento dirigido ao indivíduo e seu particular. Deste modo, o estudo de caso revela-se elemento constitutivo e estruturante de um saber clínico.

Foi a partir do conhecimento prático dirigido ao particular do caso, que a clínica psicopatológica se fundou, na transição do século XVIII para o século XIX, tendo como premissa um retorno às bases hipocráticas. Na esteira do movimento clinicista do século XVIII, ao fundar a tradição da clínica, Pinel lança as bases metodológicas de uma prática extraída da experiência ao privilegiar o olhar analítico como ato perceptivo articulado à linguagem. Referendada num saber emoldurado pela modalidade do olhar, a tradição pineliana e os mestres da clínica clássica buscaram extrair da exploração sistemática do acesso ao real uma dada orientação que teve como efeito a fundamentação de princípios universais da clínica psiquiátrica, ainda que limitada ao campo dos fenômenos.

Todavia, ao orientar-se por um novo paradigma de ciência, mudanças na metodologia psiquiátrica acabaram por estabelecer rupturas para com os postulados clínicos vigentes até então, colocando em risco aquilo que verdadeiramente há de mais positivo em seu saber: a clínica. Na medida em que a "moderna psiquiatria" se alinha aos ditames epistemológicos do método quantitativo e de base neurocientífica, cada vez mais a experiência subjetiva e o particular do caso são deslocados do acontecimento da enfermidade. Como resultante, observa-se na prática um progressivo apagamento da clínica.

Por conseguinte, em suas relações com o método científico, cada vez mais o estudo de caso ocupa lugar marginal na produção do saber científico. Como consequência, constata-se um verdadeiro descompasso em relação à produção científica e sua aplicação clínica.

Incididos pelo exercício da práxis, esta publicação surge como efeito da prática de ensino com residentes em psiquiatria e teve como desígnio refletir, a partir do registro do caso clínico, algumas das circunstâncias, disposições e ensejos da experiência clínica em seus fundamentos, bem como apontar o estudo de caso como estratégia de produção de saber capaz de lidar com as complexidades da prática em Saúde Mental.

Tendo como ponto de alento o estudo de casos apresentados nas sessões clínicas organizadas pela Residência de Psiquiatria do Instituto Raul Soares – IRS/FHEMIG, interroga-se a construção do saber clínico em suas relações com o método científico, uma vez que os espaços associativos psiquiátrico-científicos de nosso meio, à época, se posicionaram alheios diante dessa construção.

Caracterizada por um formato tradicional, a sessão clínica em nosso trabalho institucional é composta por um estudo de caso apresentado pelo residente ao corpo clínico docente do hospital, seguido de uma ampla discussão entre os presentes. A redação do caso também visa um formato tradicional, composto por descritores clínicos e biográficos, e subsequente discussão cuja proposta é analisar a condução do caso em suas diferentes perspectivas, sejam elas diagnósticas, terapêuticas, epistêmicas, transferenciais, dentre outras.

Compreendido como um dispositivo, a sessão clínica, a partir da construção do caso, tem como efeito sustentar um retorno à clínica, possibilitando, no ambiente institucional, uma ferramenta que atravesse o ensino dos residentes frente ao ideal da ciência e seus efeitos. A clínica é então reconfigurada a partir do encontro com o paciente, fazendo do estudo de caso uma tentativa de traduzir e articular com a teoria aquilo que é da ordem da experiência e do que se transmite dela. Apresentado como valor de prova, a sessão clínica propicia não só um mecanismo de ensino, bem como condições de intervenção para com o trabalho clínico-institucional e a possibilidade de pensar a prática psiquiátrica em ato.

Em parceria com residentes, preceptores e integrantes de outras instituições formadoras na área da Saúde Mental em Minas Gerais, esta publicação representa um convite a manter em aberto o debate acerca da clínica a partir do registro do caso clínico. Composta por duas seções, a primeira parte reúne ensaios clínico-teóricos como meio de problematizar a pertinência das narrativas e o estudo particularizado de casos frente ao contexto contemporâneo do método científico. Na sequência, em sua segunda parte, uma série de estudos de casos são propostos com a intenção de refletir a prática clínica a partir de suas diferentes variáveis.

Rafael Miranda de Oliveira

MÓDULO I

ENSAIOS CLÍNICO-TEÓRICOS

POR QUE CASOS CLÍNICOS?

Rafael Miranda de Oliveira

INTRODUÇÃO

Resultante da prática clínica em suas relações estreitadas com a formação em psiquiatria, este trabalho tem como incitamento analisar a estrutura formal da clínica psiquiátrica em seus aspectos metodológicos e epistemológicos, com o desígnio de examinar o estudo de caso clínico enquanto elemento central na constituição de um saber prático e, portanto, aplicável ao exercício da clínica psiquiátrica e psicopatológica. É também de nossa intenção verificar a pertinência do estudo de caso, em suas relações com o método científico, a partir de seu enquadre vigente.

Diante do exposto, em face ao *status quo* da ciência, mediante suas relações com a psiquiatria, constata-se, numa certa medida, um descompasso entre a produção científica contemporânea e o cenário prático de atuação clínica. Parte desse descompasso parece intercorrer em virtude de uma questão própria da psiquiatria enquanto fundamento teórico. Originada no âmbito das disciplinas médicas, a psiquiatria tem em seu objeto de estudo elementos irredutíveis às ciências naturais, de modo que necessita de princípios das ciências humanas para a composição de seu quadro epistemológico. Acrescenta-se o fato da psiquiatria ser compreendida não como um conjunto de conhecimento científico, mas de práticas e habilidades em articulação com o primeiro. Por fim, ressalta-se a circunstância de que, além de configurar uma ciência híbrida e assentada em competências, a psiquiatria traz em sua matriz uma certa dimensão subjetiva irredutível, tida como elemento central para a constituição de um saber aplicável ao particular do caso. (Oliveira, 2018).

Ao considerar o quadro epistemológico descrito, parte da atual problemática parece se dar em virtude de uma tentativa de adequação do saber psiquiátrico aos moldes do pensamento positivista tradicional (Bercherie, 1980). Orientada por um novo paradigma de ciência, mudanças na metodologia psiquiátrica acabaram por estabelecer rupturas com os postulados clínicos vigentes até então, colocando em risco aquilo que verdadeiramente há de mais positivo em seu saber: a clínica. Estaria, portanto, a psiquiatria preparada para abandonar seu método clínico? (Oliveira, 2013; Pereira, 2014)

Na tentativa de ajustar a psiquiatria aos novos pressupostos técnico-científicos, fez-se necessário elaborar um saber acerca da doença mental radicado em bases objetivas, capazes de serem replicadas universalmente. Com efeito, inevitavelmente, ao descartar, por imposição metodológica, a dimensão subjetiva do padecimento psíquico, observa-se, cada vez mais, um progressivo apagamento da clínica e dos limites da psiquiatria com a neurologia. Assim sendo, nos parece que, afastada de seus fundamentos e imersa em uma crise, a psiquiatria contemporânea encontra-se diante de impasses que colocam em risco sua própria especificidade (Barreto; Iannini, 2017).

Face aos dados, ao tomar como referencial os fundamentos da clínica psiquiátrica frente as tendências do estatuto científico contemporâneo, sem desconhecer o valor do saber epidemiológico inscrito nesse último, é de nossa proposta estabelecer alguns apontamentos na direção da valia em se retomar o estudo de casos clínicos, na qualidade de instrumento metodológico adequado para a construção de um saber capaz de lidar com as complexidades epistemológicas e práticas da clínica psiquiátrica.

O MÉTODO CLÍNICO EM PSIQUIATRIA E O ESTUDO DE CASO

O estudo de caso é um dos mais antigos meios de sistematização metodológica da clínica, tendo em sua casuística importante campo para o reconhecimento e análise dos fenômenos que o compõe (Foucault, 1980).

Historicamente, tal estudo minucioso, em sua tradição psicopatológica, teve papel fundamental no delineamento da clínica psiquiátrica enquanto um campo particular de atuação. Foi a partir do método clínico incorporado por Pinel, ao longo da primeira metade do século XIX, que a clínica psiquiátrica pode destacar com nitidez a noção de doença mental. Em síntese, o que se inaugura nesse período é a analise sistemática de um campo e a ordenação de seus fenômenos, que, uma vez nomeados de maneira precisa, viriam a permitir a passagem do visível ao enunciável. Com efeito, na intenção de extrair da exploração sistemática do real uma dada orientação, Pinel estabeleceu princípios fundamentais da clínica ao estruturá-la como experiência, método e linguagem. Destarte, sobreveio daí, em continuação, toda uma tradição clínica que impeliu as bases de uma prática no campo da medicina mental, que se estenderia por todo século XIX, conhecida como Psiquiatria Clássica (Bercherie, 1980; Foucault, 1980; Barreto, 2017).

Após longa e laboriosa composição pelos consecutivos de Pinel, entre eles Esquirol, Falret e Griesenger, o método clínico, em sua vertente analítico-descritiva, seguiu, por meio de sistemática descrição, mesmo que limitada a uma metodologia de análise transversal, circunscrevendo e tipificando o fenômeno psicopatológico. A partir daí, especialmente com Kraepelin, o método clínico foi acrescido de análise clínico-evolutiva, ou diacrônica, de modo a arrematar o estudo do fenômeno psicopatológico, por meio de uma perspectiva longitudinal e com ênfase nos desfechos clínicos (Bercherie, 1980, Oliveira, 2013).

Todavia, em virtude das particularidades de seu objeto de estudo, foi necessário à psiquiatria superar a via exclusivamente descritiva e instrumentalizar-se de metodologias que contemplassem o enquadre dialético dos fenômenos e seu caráter dinâmico. Até mesmo os mais icônicos e célebres nomes da psiquiatria, que aspiravam uma sólida metodologia de base anatomopatológica, tal qual Kraepelin, acabaram por se deparar com os limites de seus próprios fundamentos. Posto isto, um redimensionamento clínico-metodológico foi instituído, tendo como resultado o reconhecimento de uma produção de sentido ligada ao fenômeno psicopatológico e, consequentemente, o reconhecimento de uma posição subjetiva a ele concernida (Oliveira, 2018; Beauchesne, 1989).

De uma psicopatologia descritiva, que privilegiava o estudo morfológico do fenômeno, tido como objeto em si, para uma psicopatologia dinâmica, um salto se deu na direção da compreensão das vivências psicopatológicas com o intento de aprofundar na estrutura dos sintomas a partir de seus mecanismos formadores. Nesse contexto, diversos foram os autores que trabalharam para a consolidação de uma psicopatologia imbricada na dinâmica dos fatos psíquicos e em continuidade com seus aspectos genéticos e biográficos (Beauchesne, 1989; Reuchilin, 1965).

Tal perspectiva estabeleceu não só uma mudança de postura clínica, mas, antes de tudo, uma mudança metodológica. Fundada na análise dos fatos particulares, o método clínico seguiu sua raiz médico-filosófica condicionada ao estudo do caso clínico, no entanto, sua vertente analítica transcende os limites do estudo morfológico do sintoma. Dessa maneira, a atitude clínica reside em conhecer o indivíduo da forma mais completa possível, de modo a compreender e interpretar cada fato à luz de todos os outros, constituindo o todo um conjunto dinâmico, pautado na historicidade de cada trajetória individual. À vista disso, o método clínico alcança o valor de uma monografia biográfica (Beauchesne, 1989; Melo, 1981).

Nesse enquadramento, o vasto caminho que foi aberto pelas pesquisas psicodinâmicas não permitiu alcançar a solução dos problemas epistêmicos alojados no corpo teórico da psiquiatria. Contudo, aproximações fecundas se deram, num equilíbrio parcial, incorrendo numa análise multidimensional, que teve importantes contribuições metodológicas à psiquiatria, especialmente advindas da fenomenologia e da psicanálise (Beauchesne, 1989).

Cabe ressaltar a sistemática do método fenomenológico introduzida por Jaspers à psiquiatria, na condição operacional de uma verdadeira mudança de direção dos estudos em psicopatologia. Para Jaspers a pura observação e descrição dos sintomas psíquicos resultava superficial, e, portanto, deixava a investigação psicopatológica em sua periferia. Seus estudos apoiavam num aporte metodológico no qual examinar-se-iam, sucessivamente, a qualidade subjetiva da experiência vívida do fenômeno (compreensão estática ou fenomenológica) e suas relações de motivação (compreensão genética ou dinâmica). As descrições analíticas e sintéticas, em sua dinâmica psicopatológica, orientavam-se por meio do método compreender e explicar. Fundado numa hermenêutica científico-histórica, a exploração do doente se dava condicionada num procedimento com base nas relações de motivação e na categoria da causalidade. Tendo como ponto de referência a orientação biográfica, Jaspers afirmava, em seu método, a validade do estudo aprofundado de casos particulares, tal qual verdadeiras monografias biográficas. Para tal, o autor dizia ser mais válido, para a edificação de um saber psicopatológico, o estudo aprofundado de um só caso do que o pouco aprofundado de inúmeros casos (Jaspers, 1985; Oliveira, 2013; Tonus, 2012).

Oportuno, e não menos vultuoso, seria aludir o quão o método freudiano inscreveu, no campo da clínica, uma nova perspectiva de análise. Delineado por meio de monografias clínicas, no qual o caso delimita um campo do saber e sua transmissão, o método freudiano se perpetua enquanto o próprio relato de caso, mantido singular e fundado na narrativa literária dos invólucros do sintoma. Particularmente com Freud, uma nova perspectiva de análise se institui ao campo da clínica, ao propor ir além do sintoma e inscrever a dimensão do sujeito no estudo da psicopatologia. Com essa manobra, à luz da biografia do sujeito, Freud acaba por determinar como ênfase de sua investigação não o sintoma, mas, sim, a história do doente, de modo que o sintoma se torna elemento portador de um sentido particular inscrito na narrativa do sujeito.

Nesse enquadre, a história de uma enfermidade se transforma na história de um enfermo (Oliveira, 2002). Do mesmo modo, o estudo aprofundado de caso, tomado como exemplo, torna-se uma racionalidade clínica imprimida por Freud, índice de um plano de pesquisa, capaz de evocar a questão do saber clínico particular que, em seu conjunto, introduz uma generalidade. A racionalidade clínica como exemplificação serve para ilustrar, por um fato singular, uma generalidade conceitual, o que implica ao mesmo tempo e inseparavelmente que ele a evoca e que ela não a esgota (Assoun, 1996; Bercherie, 1983).

Para Alonso Fernandez (1976), o método clínico em psiquiatria, em sua perspectiva original, é constituído pela hibridez dos métodos histórico-culturais e científico-naturais. O primeiro se estabelece nas relações do conhecimento em suas vertentes singulares, histórico-biográficas e antropológico-culturais, de modo que pretende captar o acontecer individual e singular. O segundo segue uma direção generalizadora e que considera o enfermo um tipo clínico, representante de um conjunto nosográfico e mediado por leis universais. Ambos, em suas dimensões aplicadas, enquanto orientação clínica, dirigem-se ao particular do caso, de modo a considerar as realidades fática, dinâmica e histórica de cada homem em seu processo de enfermidade psíquica (Fernandez, 1976).

Ao dirigir-se ao caso clínico concreto, o psiquiatra serve-se de um conhecimento antropológico-cultural, de modo a valer-se de uma abertura para a compreensão da personalidade subjacente ao evento patológico, em consonância com a totalidade dinâmica da estrutura pessoal e num contexto histórico-social específico. Dessa forma, o método clínico em psiquiatria constitui-se em fato singular, baseado na penetração intersubjetiva que procura compreender. Afastado de uma perspectiva interrogativa, tal qual uma entrevista estruturada, o psiquiatra relaciona-se com base em metodologia própria. Assim, o método em psiquiatria tem seu valor exímio, sem excluir, mas adaptável, ao rigor da semiologia clássica (Melo, 1981; Ey, 1981; Bleuler, 1971).

Em síntese, e de forma tão somente didática, poder-se-ia tratar o método clínico psiquiátrico a partir de diferentes dimensões e etapas dirigidas ao estudo particularizado do caso, a saber:

1. Trata-se de um método que intenta descrever a realidade psíquica concreta com anseio na apreensão da dimensão experiencial e subjetiva das vivências fenomênicas, a partir do relato do paciente;
2. Trata-se de um método genético-compreensivo que busca estabelecer as origens de um fato psíquico a partir de suas relações de motivação;
3. Trata-se de um método histórico-biográfico que se propõe a fazer uma ordenação temporal da vida psíquica, numa dimensão histórico-compreensiva e anímicas, inscrevendo a análise dos fatos, a partir da narrativa do sujeito, em suas relações com os demais aspectos de sua existência;
4. Trata-se de um método dinâmico que aspira compreender o psiquismo como um processo em constante formação e afetado

por distintos elementos que, em sua patogenicidade, provocam mudanças contínuas ou descontínuas no curso do sujeito;

5. Trata-se de um método científico-natural que visa explorar a condição do enfermo psíquico, não só, mas também, com base na causalidade somática;
6. Trata-se de um método dialético com o propósito de examinar os fatos psíquicos a partir das relações do particular com o universal.

DO RELATO DE CASO À CONSTRUÇÃO DO CASO CLÍNICO

Para além do relato de caso, cujo aspecto predominante reside no registro descritivo dos fenômenos e na organização da história, a construção do caso clínico incorpora em sua narrativa uma dimensão analítico-reflexiva que tem como eixo a condução do caso clínico. Nesse contexto, a construção do caso põe em cena um trabalho que busca extrair, da experiência no acompanhamento do paciente, reflexões sobre a clínica, a direção do tratamento e os efeitos produzidos pela transferência (Figueiredo, 2003).

Um relato de caso pode ser minunciosamente detalhado, porém, reduzido a uma fórmula descritiva inócua, sem revelar a posição subjetiva do sujeito para com seu sofrimento e os aspectos transferenciais envolvidos na condução do caso. Diferente de uma narrativa impessoal, a construção do caso clínico implicava num modo de se posicionar clinicamente diante do caso. Portanto, a construção do caso clínico legitima um lugar de escuta e revela a posição que o terapeuta ocupa na relação transferencial (Figueiredo, 2003).

Para além dos aspectos metodológicos, a construção do caso clínico traz em sua narrativa uma dimensão inacabada, em aberto, cujo movimento clínico está em constante construção. Além do mais, sua tessitura diz respeito a uma tentativa de transformar em saber uma experiência singular, no qual a escrita do caso mostra que o clínico está submetido à clínica, sendo falado pelo seu escrito muito mais do que saberia dizer. Portanto, o ato de escrever a história clínica é por si só um ato clínico (Figueiredo, 2003; Oliveira, 2004).

EFEITO DSM: UM PARADIGMA CONTEMPORÂNEO

Enquanto análise epistêmica, faz-se necessário, à toda ciência, lançar um exame crítico sobre seus fundamentos e métodos próprios, entendendo que cada setor científico inclui seus problemas metodológicos particulares. Como examinado ao longo deste texto, nos parece que a especificidade da psiquiatria se funda exatamente naquilo em que seu objeto de estudo não se confunde, pura e simplesmente, com as afecções orgânicas. Contudo, observa-se, pelo menos como tendência, a partir de uma ótica contemporânea, a polarização da psiquiatria em sua perspectiva natural, incorrendo num "naturalismo psiquiátrico". Radicado numa geografia biológica, a tradição empírico-positivista se firma, numa perspectiva metodológica, à dispensa dos fatores subjetivos. Neste colóquio, sob a luz da perspectiva traçada até aqui, o tema das classificações psiquiátricas se faz paradigmático enquanto ponto de reflexão (Melo, 1981; Oliveira, 2018).

Com o surgimento dos manuais classificatórios e diagnósticos operacionais, instaura-se uma tendência de investigação clínica balizada por metodologias de análise na qual o sofrimento psíquico assume estatuto de epifenômeno, reduzido à dimensão do sintoma enquanto elemento esvaziado de qualquer sentido humano. É certo que os manuais classificatórios se fundaram na tentativa e necessidade de estabelecer uma uniformização e universalização do diagnóstico psiquiátrico. Contudo, sua aplicação tem como efeito, inevitavelmente, o apagamento da singularidade na configuração do adoecer psíquico. Ao propor metodologias baseadas em critérios replicáveis operacionalmente, de modo natural, busca-se uma padronização e objetivação dos fenômenos psicopatológicos. Por essa via, o fenômeno psicopatológico acaba por receber o estatuto de categoria, naturalizado e decomposto enquanto um objeto em si (Barreto; Iannini, 2017; Oliveira, 2013; Pereira, 2014).

Por outro lado, a questão em voga no debate contemporâneo não deve tomar os manuais classificatórios propriamente como impasse, mas sim os limites de sua aplicação. Se a aparência do fenômeno não traduz a verdadeira natureza das coisas, então o conhecimento científico não pode restringir a uma simples transcrição fiel e concreta de dados objetivos. Conhecer significa, antes de tudo, saber distinguir e relacionar os fatos clínicos numa perspectiva dialetizável. O fato é que o fenômeno psicopatológico, enraizado numa perspectiva elementar, que supõe que toda representação é produzida por uma reação neurônica, sem levar em consideração o problema de natureza dialética, nos conduz a um grau de certeza científica questionável em sua aplicação (Lacan, 1932/2011; Melo, 1981).

Somente a partir de axiomas que envolvam um conjunto de princípios extraídos da observação dos fatos, mas contidos numa análise racional e que leve em consideração os problemas gerais do conhecimento em suas correlações com os fatos singulares e ocasionais, é possível aspirar construir um esquema teórico viável de modo a tornar inteligível a experiência prática em psiquiatria. Nessa natureza, a solução do problema não nos oferece outra via senão a análise dos fatos clínicos em seu particular (Alonso, 1976; Lacan, 1932/2011).

CONCLUSÃO

Em síntese, diante do exposto, nos parece que a especificidade da psiquiatria, enquanto conjunto de conhecimento relativo à categoria dos fatos psicopatológicos, se estabelece nas relações da natureza do homem com suas dimensões histórico-culturais. Enquanto disciplina, funda-se em princípios mediante o emprego de métodos que têm o sistema médico-filosófico como matriz, pautado na análise sistemática de casos particulares. Ao considerar os aspectos discutidos, faz-se necessário ao estudo de caso clínico individualizado utilizar-se de metodologias que busquem alcançar não apenas a superfície dos sintomas, mas a estrutura psicopatológica subjacente a eles. Para tal, faz-se mister ir além do registro descritivo do sintoma, de modo a contemplar, em sua exploração psicopatológica, a experiência íntima da vivência fenomenal, sua historicidade e seu enquadre subjetivo (Ferreira, 2005; Oliveira, 2018; Tonus, 2012).

Cabe ressaltar que, no exercício da psiquiatria, o despertar de uma consciência reflexiva, orientada por seus fundamentos epistêmicos e metodológicos, nos impele a incitar e afiançar a exigência de uma revalorização do exercício clínico, no qual o estudo de casos, enquanto metodologia de investigação dirigida ao particular, se faz premente diante de uma atitude vigente racional e puramente descritiva dos fatos psicopatológicos (Oliveira, 2018; Lacan, 1932/2011).

REFERÊNCIAS BIBLIOGRÁFICAS

ASSOUN, P. L. *Metapsicologia freudiana*: uma introdução. Rio de Janeiro: Jorge Zahar, 1996.

BARRETO, F. P.; IANNINI, G. Introdução à psicopatologia lacaniana. In: TEIXEIRA, A.; CALDAS, H. (Orgs). *Psicopatologia lacaniana*. Belo Horizonte: Autêntica, 2017.

BARRETO, F. P. *Psicanálise e psiquiatria*: aproximações – Uma introdução aos fundamentos da clínica. Curitiba: Editora CRV, 2017.

BEAUCHESNE, H. *História da psicopatologia*. São Paulo: Martins Fontes, 1989.

BERCHERIE, P. *Os fundamentos da clínica*: história e estrutura do saber psiquiátrico. Rio de Janeiro: Jorge Zahar Editor, 1980.

BERCHERIE, P. *Génesis de los conceptos freudianos*. Buenos Aires: Paidos, 1983.

BLEULER, E. *Tratado de psiquiatria*. Madrid: Espasa-Calpe, 1971.

EY, H.; BERNARD, P.; BRISSET, C. *Manual de psiquiatria*. Rio de Janeiro: Masson, 1981.

FERNANDEZ, F. A. *Fundamentos de la psiquiatria actual*. Madrid: Paz Montalvo, 1976.

FERREIRA, A. P. A construção do caso clínico na internação psiquiátrica: uma direção para o plano terapêutico. *Revista Latino-Americana de Psicopatologia Fundamental*, v. 7, n. 2, p. 204-220, 2005.

FIGUEIREDO, A. C. A construção do caso clínico: uma contribuição da psicanálise à psicopatologia e à saúde mental. *Revista Latino-Americana de Psicopatologia Fundamental*, v. 7, n. 1, p. 75-86, 2004.

FOUCALT, M. *O nascimento da clínica*. 2. ed. Rio de Janeiro: Forense Universitária, 1980.

JASPERS, K. *Psicopatologia geral*: psicologia compreensiva, explicativa e fenomenológica. Rio de Janeiro: Livraria Atheneu, 1985.

LACAN, J. *Da psicose paranoica em suas relações com a personalidade*. 2. ed. Rio de Janeiro: Forense Universitária, 2011. (Trabalho originalmente publicado em 1932).

MELO, A. L N. *Psiquiatria*: psicologia geral e psicopatologia. Rio de Janeiro: Guanabara, 1981.

OLIVEIRA, I. M. A. O caso clínico na instituição pública: polifonias desejantes. *Revista Latino-Americana de Psicopatologia Fundamental*, v. 2, n. 3, p. 82-93, 2004.

OLIVEIRA, R. M. *Seminários em psicopatologia*: da psiquiatria clássica à contemporaneidade. Belo Horizonte: Coopmed, 2013.

OLIVEIRA, R. M. Um panorama acerca dos fundamentos da psiquiatria: introdução a uma perspectiva histórica de análise epistemológica. In: CAMPOS, S. *A formação do psiquiatra*: 50 anos de ensino e transmissão em psiquiatria e suas conexões. Belo Horizonte: Topológica, 2018.

PEREIRA, M. E. C. A crise da psiquiatria centrada no diagnóstico e o futuro da clínica psiquiátrica: psicopatologia, antropologia médica e o sujeito da psicanálise. *Physi Revista de Saúde Coletiva*. n. 24, p. 1035-1052, 2014.

REUCHILIN, M. *História da psicologia*. São Paulo: Difusão Européia do Livro, 1965.

TONUS, A. E. Estudo de caso individual: uma perspectiva para o diagnóstico em psiquiatria. *Psicopatologia Fenomenológica Contemporânea*, v. 1, n. 1, p. 158-172, 2012.

A CONSTRUÇÃO DO CASO CLÍNICO COMO ESTRATÉGIA PEDAGÓGICA NA FORMAÇÃO MÉDICA[1]

Alexandre Costa-Val

> *"Subiu a construção como se fosse sólido.*
> *Ergueu no patamar quatro paredes mágicas.*
> *Tijolo com tijolo num desenho lógico."*
> (Chico Buarque de Holanda)

INTRODUÇÃO

O cotidiano da clínica em Saúde Mental é composto por impasses que nos exigem buscar, no encontro com cada caso, novas perspectivas na forma de olhar, de compreender, de pensar e de atuar na condução do tratamento. É frequente que esse movimento, ao produzir novos pressupostos ontológicos, epistemológicos e metodológicos, coloque em xeque o paradigma da ciência positivista, que entende o corpo humano como uma máquina passível de ser reduzida à uma racionalidade universal e linear. Tal deslocamento, no entanto, não é nada simples, especialmente quando se trata de fazê-lo operar no cerne da formação médica.

[1] Este texto é uma homenagem às colegas Vívian Andrade Araújo Coelho, Roberta Ribas Pena, Blanca Musachi e Mariana de Sousa Manganelli, cujas leituras e provocações foram fundamentais para o avanço de sua construção.

Durante a graduação, os médicos são treinados para diagnosticar as doenças e tratá-las de forma protocolar. Os sinais e sintomas, nessa perspectiva, são considerados manifestações de doenças e, por isso, devem ser extirpados a partir de abordagens cuja eficácia é estatisticamente comprovada. O doente, nesse caso, muitas vezes é colocado entre parênteses, assim como as suas singularidades e as suas relações interpessoais. Ora, é inegável que esse modelo pode ser eficiente para determinadas enfermidades – e, aqui, podemos pensar em alguns quadros agudos como, por exemplo, uma otite média em que os parâmetros diagnósticos são bastante objetivos e o tratamento padrão, habitualmente de curto prazo, é satisfatório para a maioria dos casos. No entanto, quando as definições de sintoma e de cura entram na competência clínica do caso a caso – e, aqui, as diversas formas de sofrimento psíquico são paradigmáticas –, essa forma de atuar perde o valor preditivo real, convocando a expansão da atitude e do método científico (Val et al, 2013). Mas como introduzir essa dimensão da clínica em uma formação marcada pelo fascínio pelo saber absoluto e pelo sectarismo das especialidades?

Essa pergunta, há algum tempo, tem guiado minha prática como docente de cursos de medicina, constituindo-se como um desafio para o qual (felizmente!) não encontro uma resposta definitiva. Se, em certo momento, acreditei que o mero encontro com os sujeitos, suas histórias e suas mazelas psíquicas poderiam, de alguma forma, tocar os estudantes, não tardou para que eu percebesse que isso era insuficiente. Afinal, é notável que o campo da psiquiatria, há algum tempo, tem sido amarrado por pressupostos positivistas que pouco contribuem para uma mudança no ensino da medicina e em sua prática.

O marco dessa transformação foi a criação do *Manual de Diagnóstico e Estatística dos Transtornos Mentais – DSM III*, que visava o estabelecimento de um manual com uma perspectiva descritiva e ateórica. Uma vez que o saber psiquiátrico não conhecia nem a etiologia nem o processo de adoecimento psíquico, fundou-se uma classificação baseada em fenômenos facilmente observáveis na clínica e que pudessem ser descritos sem qualquer referência teórica específica. Esse manual atenderia não só aos interesses dos psiquiatras que precisavam estabelecer uma delimitação mais precisa da fronteira entre o normal e o patológico e, consequentemente, do campo de ação da psiquiatria, mas também aos interesses da indústria farmacêutica, que necessitava distinguir as pessoas que deveriam tomar medicamentos daquelas em que esse tipo de intervenção não se justificaria (Aguiar, 2004). A ideia de se privilegiar a objetividade dos sinais e sintomas psíquicos acabou aproximando o diagnóstico psiquiátrico da objetividade empírica das doenças orgânicas, culminando na adoção de uma visão fisicalista do sofrimento mental. Ou seja, a pretensão ateórica dos manuais nada mais é do que a assunção de uma teoria específica que entende o adoecimento psíquico como algo cada vez mais naturalizado, dotado de certa essência estável, imune às singularidades e aos processos sócio-históricos (Russo, 2004). Esse modelo é precocemente introjetado pelos estudantes de medicina e, a despeito dos impasses vivenciados nas práticas de cuidado, não é fácil fazer com que ele vacile.

Tenho, nesse sentido, me esforçado para resgatar algo da clínica que, há algum tempo, se esvaneceu na formação médica. Para isso, busco radicalizar o sentido dessa palavra cuja origem etimológica encontra-se no termo grego *Klinein*, que significa "leito", e carrega consigo a ideia de que a clínica é aquilo que acontece junto ao leito do paciente. A presença do paciente - e não da doença -, portanto, é a referência fundamental da clínica. Afinal, é o encontro com o sujeito, acompanhado de suas vivências e idiossincrasias, que permitirá ao médico apreender algo que não está escrito nos livros (Viganò, 1999). Incorporar essa mudança de perspectiva na formação médica, no entanto, só é possível através de um método. Um método que permita um verdadeiro debate clínico aberto e que rompa com qualquer impressão de que estamos diante de uma prática esotérica, sem qualquer compromisso com uma demonstração. É por essa via que introduzo a noção de Construção do Caso Clínico, seguindo os passos trilhados pelo psiquiatra e psicanalista italiano Carlo Viganò,[2] como uma estratégia de intervenção pedagógica no ensino médico.

[2] Agradeço pela generosidade a Carlo Viganò, com quem, em 2009, fiz algumas supervisões que muito me auxiliaram no estabelecimento dessa metodologia como forma de pesquisa, fomentando a escrita de diversos trabalhos e a minha atuação como docente. Inúmeros textos e artigos fazem referência ao legado desse psicanalista como, por exemplo, a bela tese da amiga Daniela Costa Bursztyn (2012), psicanalista que marcou minha entrada nesse campo.

A CONSTRUÇÃO DO CASO CLÍNICO

Carlo Viganò, a partir de uma longa experiência de aplicação da metodologia da Construção do Caso Clínico na Escola de Especialização em Psiquiatria da Universidade de Milão, difundiu essa forma de trabalho em diversas instituições de Saúde Mental. Para além de se constituir como um potente instrumento de formação de profissionais, essa metodologia se revelou uma forma eficiente de avaliação do trabalho em equipe, possibilitando a melhoria da qualidade clínica dos serviços de saúde (Bursztyn; Figueiredo, 2012).

A ideia central da Construção do Caso é fomentar a elaboração dinâmica de um saber cujo foco é o sujeito que sofre de seu sintoma (Viganò, 2010). O ponto de partida, no entanto, é o caso, e não o sujeito (Figueiredo, 2004). Há, assim, a necessidade de um trabalho cuidadoso de construção para que, a partir dos fragmentos que nos são apresentados na prática clínica pelos nossos pacientes, possamos, de alguma forma, acessar algo do indizível de cada um. Como pontuou Freud (1937/1996), trata-se de um trabalho parecido com o de um arqueólogo que, em uma escavação, tenta reconstruir alguma morada que fora destruída ou soterrada. No nosso caso, no entanto, não estamos trabalhando com algo que fora destruído, mas com algo reluzente que, ao mesmo tempo que vivifica, pode mortificar o sujeito.

Viganò (1999), por essa via, nos convida a pensar a Construção do Caso como uma orientação da experiência em direção ao real, ou seja, em direção ao gozo singular que apreendemos da organização psíquica de cada paciente. O autor retoma a etimologia da palavra "caso" para reforçar essa ideia, mostrando que ela vem do termo latino *cadere*, que significa cair ou ir para fora de uma regulação simbólica. Construir um caso é, portanto, ir ao encontro do gozo, ou, ainda, daquilo que não pode ser dito, mas, sim, circunscrito por um saber a partir de uma operação metafórica. Obviamente, não estamos falando de uma metáfora qualquer, mas de uma elaboração que toque um ponto de real do sujeito, produzindo um saber que tenha um efeito de verdade para ele. Nessa construção, embora todos devam estar implicados – incluindo as instituições, os membros da equipe e o entorno social do paciente – a partir daquilo que há de mais vivo no desejo de cada um, o protagonismo será sempre do sujeito.

Nesse processo de trabalho é recorrente o mito de que é necessário ter alguma formação específica em psicanálise para a ele se integrar. Ora, se estamos interessados em sujeitos e naquilo que não é apreendido pelo simbólico, devemos manter um espaço em aberto para que esses elementos possam emergir. Para isso, é fundamental que nos afastemos de qualquer pretensão totalitária de teorias ou campos do saber. Apesar do trabalho ser norteado pelos fundamentos teóricos e éticos da psicanálise, é preciso manter um espaço em aberto, que contemple as diversas vivências, discursos e formas de conhecimento, de forma a não banalizar os princípios da clínica psicanalítica e, ao mesmo tempo, não sobrevalorizar os seus conceitos (Bursztyn; Figueiredo, 2012). No caso particular dos estudantes de medicina, essa estratégia tem a potência de introduzir um intervalo para que as práticas de cuidado passem de um fazer automático, acéfalo e protocolar, para um constante exercício de reflexão crítica e de abertura para novas formas de saber. Diante da angústia do não-saber, alguns podem paralisar ou, até mesmo, recuar. A maioria, no entanto, seja com um discurso mais ou menos técnico, acaba se engajando nessa construção dinâmica e democrática na qual não há um certo ou errado, mas sim uma circulação das palavras que permite constantes elaborações coletivas.

Viganò (2010), nesse sentido, apesar de sustentar que a Construção do Caso deva ser um trabalho democrático, ressalta que não se trata de buscar um consenso quanto à melhor conduta a ser tomada. Afinal, dessa forma, estaríamos diante da autoridade do mestre, excluindo o sujeito que é o verdadeiro protagonista de todo o trabalho. Ou seja, não se trata de nos perguntarmos o que é melhor para um paciente ou o que podemos fazer por ele e sim o que ele pode fazer por si. O ponto comum a ser buscado na Construção do Caso por uma equipe, portanto, é o ponto cego das narrativas em que pode ser evidenciado um vazio de saber. É nesse lugar em que podemos encontrar o sujeito e a doença que o acometeu. Dito de outro modo, o trabalho consiste em uma inversão dialética das partes de tal forma que a rede social envolvida no caso se coloca em posição de discente e, o paciente, na posição de docente. Ou, ainda, seguindo a indicação do psicanalista Zenoni (2000), a equipe deve se instalar no lugar de "aprendiz da clínica", servindo-se das produções do sujeito como norteadores do tratamento.

Habitualmente, um paciente – ou aqueles que convivem em seu entorno – nos procura com uma queixa que pode ou não se constituir como uma demanda de acompanhamento. Quando pensamos na dinâmica dos serviços de saúde, as queixas que surgem nesses espaços, muitas vezes, não são solucionadas pela racionalidade biomédica. Frequentemente, atrás delas, há um sofrimento psíquico que só poderá ser elucidado na medida em que o profissional estiver disponível para escutá-las, sedimentando uma relação de confiança e respeito. Essa ideia se relaciona com o conceito de "acolhimento", utilizado para expressar as relações que se estabelecem entre usuário e profissionais na atenção à saúde. Não se trata de uma simples relação de prestação de serviço, mas de um contato sustentado por uma escuta qualificada capaz de facilitar um vínculo (Costa Val et al, 2017).

Quando falamos de relação, nos referimos a algo construído no dia a dia, respeitando o tempo do sujeito. Não se trata de responder rapidamente à demanda, ocupando o lugar de quem tudo sabe, sedimentando uma relação de poder entre usuários e profissionais. A psicanálise nos ensina que o paciente já chega ao analista com uma resposta – o sintoma que, como nos ensina Freud, já é por si só uma solução de um conflito psíquico – a uma pergunta que ele não sabe exatamente qual é (Žižek, 2012). O profissional deve, neste sentido, acompanhar o sujeito na elaboração de uma pergunta que o conduza à construção de um "saber" singular que envolva sua experiência com a linguagem e com o seu ponto de gozo. Trata-se, portanto, de legitimar o lugar de "saber" do sujeito, sustentando um espaço para que ele associe suas queixas à sua história, de forma que o seu dito retorne para ele mesmo como resposta. O "saber", neste caso, não representa um conhecimento teórico, mas uma experiência de responsabilização que permite que o sujeito contorne o ponto indizível de seu gozo e desenvolva certo "saber-fazer" com o seu sintoma.

Para construção dessa relação, o profissional deve se colocar como agente, implicando-se na sustentação da "transferência". Na medida em que isso ocorre, elementos da história de vida do sujeito vão se decantando, permitindo o estabelecimento de um relato que traz uma visão geral do caso. Uma preocupação recorrente entre os estudantes é saber se aquilo que o paciente nos traz de fato aconteceu. Freud fundou uma concepção do inconsciente antagônica à ideia de uma memória onde tudo já está dado e inscrito sob a forma do recalcado. Em *Moisés e o monoteísmo*, por exemplo, o psicanalista introduziu duas dimensões da verdade: a "verdade material", que se refere à materialidade dos fatos, e a "verdade histórica", composta por vivências, mitos, fantasias e outras construções do sujeito em torno daquilo que não se inscreve no inconsciente (Freud, 1939[1934-38]/1996). Essa última está diretamente ligada à linguagem e, por isso, ela se constitui como elemento privilegiado em nosso trabalho. Ou seja, não importa se o fato narrado aconteceu, se está bem concatenado ou se ele se inscreve dentro de uma lógica racional. A questão mais importante é o efeito de verdade – ainda que velado ou obscuro – que essa narrativa, sempre ficcional, tem para o sujeito.

Uma vez que esses elementos são recolhidos e agrupados pelos estudantes, abrimos uma discussão ampla entre a equipe. Nesse debate é importante que exista alguém capaz de sustentar um "vazio de saber" – e, aqui, podemos pensar em um supervisor que, em nosso caso, é encarnado pelo docente – de forma a facilitar a circulação dos diversos discursos, localizar os ditos e os não-ditos e permitir que os elementos singulares ganhem contornos mais nítidos. Assim, os significantes fundamentais do sujeito que se destacaram à força da repetição ganham um maior relevo. Aí se localiza o que Figueiredo (2004) aponta como passagem da "história", rica em detalhes, cenas e conteúdos, para o "caso", produto do que se extrai do depuramento da história e das intervenções da equipe ao longo do acompanhamento.

É, nesse momento, também que a Construção do Caso permite que infiramos a posição do sujeito no discurso. Ao realizarmos uma torção do sujeito ao discurso, podemos retomar à sua localização particular na linguagem, que nos permite deduzir um diagnóstico estrutural e articulá-lo aos pontos de singularidade. Essa articulação promove mudanças no eixo da discussão do diagnóstico e do tratamento, permitindo a transmissão de algo singular do sujeito que pode ter efeitos no trabalho de uma equipe. O saber gerado por esse comentário não tem relação com o acúmulo de conhecimento, e, sim, com a apreensão de um "saber-fazer" com o caso clínico (Figueiredo, 2004). Ou seja, não estamos falando de um diagnóstico *prêt-à-porter* reduzido ao significante "transtorno", mas de um diagnóstico que, por ser feito durante o tratamento – e não antes como, habitualmente, acontece na prática médica –, transmite algo muito próprio do sujeito (Bursztyn; Figueiredo, 2012).

Figueiredo (2004), nesse sentido, se pergunta como constituir um solo comum de trabalho em uma equipe heterogênea, com diferentes formações e referências teóricas, a partir da concepção do sintoma pela psicanálise. Conclui que isso ocorre na medida em que essa concepção avança do particular (o diagnóstico) para o singular (o sujeito do inconsciente), chegando ao geral (os projetos terapêuticos elaborados pela equipe). É quando a psicanálise consegue transmitir que o sintoma não vai sem o sujeito e que o sujeito é aquele do inconsciente, que ela atua no geral. Assim, a autora coloca em destaque o sujeito e suas produções em detrimento de uma descrição asséptica de sinais e sintomas bastante comum nos manuais psiquiátricos contemporâneos, que corroboram com um modelo de reabilitação em sua dimensão moral e pedagógica. Em nosso caso específico, sustentar essa perspectiva permite, muitas vezes, a criação de novas formas de intervenções que ultrapassam a mera prescrição medicamentosa tão ansiada pelos estudantes.

Obviamente, todas as elaborações precipitadas nesse processo de construção precisam ser verificadas com o próprio sujeito. Viganò (2010) ressalta, nesse sentido, que aquilo que o paciente ensina a respeito da construção de seu caso não passa por sua consciência nem pela fala direta, e sim pela "leitura"[3] que os profissionais fazem das particularidades e das coincidências, escandidas de sua história, e também do enigma de seus atos falhos, recaídas e ausências. Para isso, torna-se fundamental o confronto das posições subjetivas nas passagens de discurso realizadas pelo sujeito com os acontecimentos ocorridos ao longo do tratamento sob transferência, na tentativa de extrair inferências hipotetizáveis. Nesse momento, os alunos têm a oportunidade de confirmar suas hipóteses, rever suas intervenções e – o mais importante – lidar com o impossível da clínica.

[3] Jacques-Alain Miller (2016) se vale deste termo para destacar que a prática psicanalítica visa exatamente o ponto fora de sentido concebido como real. Diferentemente das psicoterapias, que se sustentam na escuta e promovem uma proliferação infinita de significações, "a disciplina da leitura aponta para a materialidade da escrita, para a letra enquanto ela produz o acontecimento de gozo que determina a formação dos sintomas".

A Construção do Caso é, assim, verificada *après coup*, ou seja, a construção continua após as intervenções da equipe, quando o verifica, o evidencia e o avalia. Nesse tempo, é possível a construção de um testemunho – preferencialmente no formato de um texto que é apresentado no final da disciplina – no qual a conexão entre o que se apreendeu do caso e o tratamento possível até aquele momento pode ser transmitida. Mas como isso se dá, efetivamente, na prática? Apresentaremos, a seguir, um caso concreto acompanhado em nosso ambulatório de Saúde Mental que compõe uma disciplina eminentemente prática do curso de medicina no qual eu leciono, na tentativa de elucidar essa questão.

CARLOS: UM MACHISTA CONVICTO?[4]

O clima era de tensão. Pela primeira vez, os alunos atenderiam pacientes no ambulatório de Saúde Mental. Envoltos em roteiros e em anotações técnicas, eles revisavam ansiosamente os formulários de anamnese, as descrições psicopatológicas e as nomeações nosológicas. Uma das alunas se apresentou para Carlos e, acompanhada de dois colegas, o conduziu para o consultório. Após trinta minutos de atendimento, ela retornou com informações para discutirmos o caso.

Carlos era um homem de meia idade, casado, aposentado e pai de dois adultos jovens. Foi levado ao ambulatório pela esposa e um dos filhos devido à irritabilidade e à agressividade relacionadas à uma situação bastante específica: a namorada do filho, que não estava presente no atendimento, o traiu. Carlos se mostrava indignado, ressaltando que, apesar da traição, o filho continuava sustentando o relacionamento com a mulher. Insistia que "homem que é homem" não permite esse tipo de situação e que tal evento havia destruído a sua dignidade e a de sua família. Em uma das diversas brigas com o filho, chegou a ameaça-lo com

[4] Este subtítulo reflete uma postura bastante comum de profissionais de saúde que, frequentemente, acolhem seus pacientes com toda uma carga de sentido, valores e julgamentos pré-estabelecidos. A Construção do Caso, por sua vez, vai na contramão dessa direção, uma vez que visa contornar o gozo do sujeito de forma a produzir uma nomeação absolutamente singular.

um facão, fato que precipitou a saída do jovem de casa. Acusava a esposa de ser muito compreensível com a opção do filho, cogitando, inclusive, em se separar dela.

A aluna, nesse primeiro momento, se preocupou com a materialidade dos fatos. Fez perguntas concretas que, mais do que esclarecerem a história, pareciam somente reforçar uma narrativa monotemática a respeito da traição. Mesmo após conversar com os acompanhantes, algumas questões permaneciam em aberto para os alunos: a namorada do filho teria, de fato, o traído? Qual era o verdadeiro motivo da raiva de Carlos? Seria um reflexo dos valores machistas e heterossexistas que norteiam a nossa sociedade patriarcal? Após a discussão em equipe, eles se convenceram que tais questionamentos eram francamente genéricos e pouco contribuiriam para o avanço do caso. Afinal, mais do que saber se a traição havia realmente acontecido ou não, era preciso entender que essa era a verdade que movia aquele sujeito. Uma verdade insuportável que inundava sua vida, reduzindo-a a uma denúncia repetitiva e monótona. A dor era tamanha, que em alguns momentos, diante da certeza de que os outros o humilhariam por conta do ocorrido, Carlos chegava a andar armado para se proteger de tais supostas investidas.

Os atendimentos de Carlos passaram a ocorrer semanalmente. A partir de nossas discussões, a aluna se deu conta de que era possível fazer pequenas manobras para que o atendimento não girasse apenas em torno da traição. Ora ela escutava um pouco a denúncia e, delicadamente, encerrava o atendimento, ora ela deslocava a conversa para outras vivências do sujeito. Nascido em uma família muito pobre, Carlos começou a trabalhar muito cedo. Ele falava muito pouco de sua infância, deixando, em alguns momentos, escapar que o pai, uma figura muito rígida, o ensinou a ser homem "na base da porrada". Na juventude, gostava de sair com os poucos amigos que tinha, bebia muito, era cortejado pelas mulheres e, frequentemente, se metia em brigas com outros rapazes. Por volta dos 18 anos, conheceu a esposa e se casou. Desde então, passou a dividir a vida boêmia com a vida de casado: cuidava da mulher, dos filhos e da casa, sem deixar que "nada faltasse". Carlos cumpria, assim, certo ideal masculino, marcado pela proteção e provisão do seio familiar. Sua vida seguiu sem grandes intempéries, mas, após um acidente em uma empresa que ele trabalhou por mais de 20 anos, algo mudou. Ele foi aposentado por invalidez e se tornou mais retraído, mais rigoroso em seus posicionamentos e mais rígido com os familiares.

Um dia, a aluna se atentou para o fato de que Carlos, apesar de ter um posicionamento que ela mesma havia nomeado como "machista", nunca havia questionado que o seu acompanhamento no ambulatório fosse conduzido por uma mulher. Aliás, ele sequer se sentia constrangido ao tecer comentários preconceituosos e soltar frases de efeito em relação ao papel social das mulheres durante o seu atendimento. Sua rigidez e postura estereotipada em relação ao campo sexual foi, dessa forma, colocada, pela primeira vez, em xeque pelos alunos durante a discussão. Estaríamos, de fato, diante de um machista convicto, mero fruto de nossas relações sociais fundadas no patriarcado?

Nesse momento, já estava claro para todos aqueles que acompanhavam a construção do caso que havia uma certeza em relação à traição - assim como aquilo que seria um "homem de família" - que não vacilava com nenhum tipo de argumentação. Consentir, em alguma medida, com essa impossibilidade dialética fora o primeiro passo para que algum tratamento fosse possível. Aos poucos, algo dessa temática se deslocou. Carlos contou que, há algum tempo, tivera uma briga com uma de suas irmãs porque, após ficar viúva, ela se envolveu com um rapaz "mau-caráter", que a traía e tinha um possível envolvimento com o tráfico. Tal repetição nos permitiu precisar mais claramente um ponto singular do sujeito que não o deixava, em hipótese alguma, ter a sua "dignidade" questionada pelo outro.

Era evidente que Carlos ficava irritado e agressivo sempre quando surgia algo relacionado às vivências sexuais e afetivas de seus parentes que, de alguma forma, colocava os seus valores em xeque. Mas qual era o ponto do sujeito que era convocado nesses momentos? Teria algo de sua própria sexualidade que lhe era insuportável? Aos poucos, adentrávamos em uma dimensão do campo sexual que escapava dos pressupostos da biologia e, até mesmo, das teorias de gênero. A forma como o sujeito de apresentava – sempre muito arrumado, com constantes relatos de feitos algo grandiosos e um ar, por vezes, professoral - começou a chamar a atenção de alguns alunos. Tais elementos iam se decantando e abrindo novas possibilidades de investigação. Nesses encontros e desencontros, a partir do contato com alguns fundamentos da teoria psicanalítica, sustentamos um trabalho dialógico e democrático, construindo algo desse caso que ultrapassava qualquer carga prévia de significação e muito nos ensinava.

Cada peça do caso que íamos contornando tinha um efeito na forma como a aluna atendia o sujeito e fazia intervenções. Essas, muitas vezes, funcionavam como gatilhos para que novos elementos surgissem, sedimentando nossas hipóteses ou possibilitando novas construções. Ao que tudo indicava, Carlos sempre se deparou com uma radical impossibilidade de inscrição no campo sexual. Havia algo de insondável na posição desse sujeito que apontava para uma ausência de uma operação primária que o permitisse uma inscrição no campo simbólico. Carlos ficava, assim, com um corpo à deriva, prestes a ser invadido por um Outro muito consistente, a quem "nada faltava". Diante disso, ele parece ter encontrado uma solução pela via de uma enfatuação do eu, ou, dito de outro modo, pela via de uma identificação imaginária muito rígida que suturava qualquer possibilidade de divisão subjetiva (Quinet, 2006). Tornou-se um homem forte e decidido, um verdadeiro "homem de família", cuja performance sempre o autorizava a ditar a palavra final. O respeito e o medo que ele causava nas pessoas, o protegia, em alguma medida, de ser questionado ou destruído pelo Outro. Ao localizar esse gozo destruidor fora do próprio corpo, Carlos mantinha uma estrutura psíquica estável e não apresentava fenômenos floridos, tais como delírios ou alucinações.

Essa posição narcísica – traduzida por Lacan como um verdadeiro "visgo imaginário" (Lacan, 1974-75) –, no entanto, começou a vacilar no momento em que ele teve que se aposentar. Ele já não era mais aquele homem jovem e viril que gostava de sair com os amigos e, ao mesmo tempo, não deixava que nada faltasse em casa. Enrijeceu-se e passou a monitorar de perto a vida sexual e afetiva dos familiares. Bastava ele capturar algum comportamento que de alguma forma questionasse os seus ideais para se tornar agressivo e passar ao ato. Após um tempo de acompanhamento, em um momento em que o sujeito estava mais estabilizado, ele revelou que, durante esses episódios, escutava as pessoas na rua cochichando, falando mal dele. Às vezes, chegava a ser acordado no meio da noite com algumas falas soltas e sem sentido que o angustiavam. Tal dado nos serviu para que *a posteriori* confirmássemos nossas impressões e contornássemos o caso com mais precisão.

Essa construção nos permitiu entender a necessidade de acolher os relatos que Carlos nos trazia, sem ficar contestando a sua veracidade material ou mesmo as motivações morais e sociais que o faziam se posicionar daquela maneira. Mais ainda: ao nos depararmos com a impotência das teorias e dos saberes pré-estabelecidos, nos deslocamos da posição de mestria que faz parte da formação médica e passamos a nos posicionar como verdadeiros "aprendizes da clínica". Tal postura fomentou um campo onde a palavra podia circular, sem que o sujeito tivesse que passar ao ato como acontecia nas diversas cenas de violência ao longo de sua história. Além disso, ela possibilitou uma discussão acerca de um diagnóstico que não estava restrito às nomeações *prêt-à-porter* dos manuais psiquiátricos contemporâneos, mas que abarcava algo bastante particular do sujeito e que nos permitia conduzir o tratamento de forma a corroborar algum apaziguamento.

Com o tempo, a denuncia da traição sofrida pelo filho deixou de ser o assunto principal dos atendimentos. Carlos pôde falar um pouco sobre a sua relação com a esposa, entendendo que, a despeito da escassez de relações sexuais, um fazia companhia para o outro. Mais tranquilo, ele voltou, aos poucos, a cuidar de uma horta de sua casa, retomando uma atividade que não só o causava prazer, mas também lhe permitia "prover" sua casa com os produtos cultivados. Além disso, começou a frequentar um centro de umbanda cujo Pai de Santo o ajudava com alguns "serviços" nos momentos de maior angústia. Carlos continua em acompanhamento em nosso ambulatório e o seu caso se mantém em construção, a cada dia, por ele e por aqueles que o atendem.

PARA CONCLUIR

A formação médica é marcada por uma racionalidade pragmática que, muitas vezes, obstrui o espaço de circulação dos sujeitos, das subjetividades e das singularidades. A prática em Saúde Mental, no entanto, tem o potencial de revelar como o (des)encontro com esses elementos pode fomentar um trabalho em direção a uma produção de novos paradigmas e formas de saber. É certo que não há qualquer garantia ou uma receita específica para que isso aconteça, algo que exige um desejo decidido e muita inventividade.

Trabalhamos, nesse ensaio, com a Construção do Caso Clínico como uma estratégia possível de atuação no ensino médico ancorada em uma dimensão ético-política da psicanálise. A demonstração desse método, ponto fundamental para que ele seja validado, evidencia sua viabilidade para que algo possa efetivamente tocar todos os sujeitos envolvidos no cotidiano da prática clínica, incluindo profissionais, docentes, discentes, instituições e, obviamente, o próprio paciente. Ao levar em mais alta conta que somos sujeitos falantes, divididos pela linguagem, abrimos espaços para construções que, vez ou outra, podem acessar um elemento incognoscível de cada um. Um elemento que vivifica o corpo, podendo nos retirar da paralisia das burocracias, protocolos e saberes que fazem parte das rotinas de cuidado e nos lançar, permanentemente, em direção a novas construções.

REFERÊNCIAS BIBLIOGRÁFICAS

AGUIAR, A. A. de. *A psiquiatria no divã*: entre as ciências da vida e a medicalização da existência. Rio de Janeiro: Relume Dumará, 2004.

BURSZTYN, D. C. *A política do sintoma e a construção do caso clínico:* modos de e mental transmissão da psicanálise na prática coletiva em saúde mental. 2012. Tese (Doutorado), Programa de Pós-graduação em Psicanálise, Universidade do Estado do Rio de Janeiro, 2012.

BURSZTYN, D. C.; FIGUEIREDO, A. C. O tratamento do sintoma e a construção do caso na prática coletiva em saúde mental. *Tempo psicanalítico*, v. 44, n. 1, p. 131-145, 2012.

COSTA VAL, A. et al. Psicanálise e Saúde Coletiva: aproximações e possibilidades de contribuições. *Physis*, v. 27, n. 4, p. 1287-1307, 2017.

FIGUEIREDO, A. C. A construção do caso clínico: uma contribuição da psicanálise à psicopatologia e à saúde mental. *Revista Latinoamericana de Psicopatologia Fundamental*, v. 7, n. 1, p. 74-86, 2004.

FREUD, S. Moisés e o monoteísmos três ensaios (1939[1934-38]). In: *Edição Standard das Obras Completas de Sigmund Freud.* Rio de Janeiro: Imago, Vol. XXIII, 1996. (Trabalho originalmente publicado em 1939[1934-38])

FREUD, S. Construções em análise. In: *Edição Standard das Obras Completas de Sigmund Freud.* Rio de Janeiro: Imago, Vol. XXIII, 1996. (Trabalho originalmente publicado em 1939)

LACAN, J. *O seminário, livro 22*: RSI. 1974-1975. (Inédito.)

MILLER, J-A. Ler um sintoma. *Lacan XXI*, v. 1, 2016. Disponível em: <http://www.lacan21.com/sitio/2016/04/16/ler-um-sintoma/?lang=pt-br>. Acesso em: 21 mar. 2020.

QUINET, A. *Teoria e clínica da psicose*. 3. ed. Rio de Janeiro: Forense Universitária, 2006.

RUSSO, J. A. Do desvio ao transtorno: a medicalização da sexualidade na nosografia psiquiátrica contemporânea. In: PISCITELLI, A; GREGORI, MF; CARRARA, S. *Sexualidade e saberes*: convenções e fronteiras. Rio de Janeiro: Garamond, 2004, p. 95-109.

VAL, A. C. et al. Silos da clínica médica e psiquiátrica: a anorexia nervosa como paradigma. *Revista Médica de Minas Gerais*, v.23, p. 372-379, 2013.

VIGANÒ, C. A construção do caso clínico em saúde mental. *Revista Curinga*, v. 13, p. 39-48, 1999.

VIGANÒ, C. A construção do caso clínico. *Opção Lacaniana on-line*, v. 1, n. 1, p. 1-9, 2010. Disponível em: <www.opcaolacaniana.com.br>. Acesso em: 1 abr. 2019.

ZENONI, A. Psicanálise e instituição: a segunda clínica de Lacan. *Revista Abrecampos*, v. 1, n. 0, p. 12-93, 2000.

ŽIŽEK, S. O violento silêncio de um novo começo. In: HARVEY, D. et al. (Org.). *Occupy*. São Paulo: Boitempo: Carta Maior, 2012, p.15-25.

O CASO CLÍNICO: DO SINGULAR AO PLURAL

Sérgio de Campos
Pedro Filgueiras de Campos

INTRODUÇÃO

"O bom médico trata a doença;
o grande médico trata o paciente."
(Sir. William Osler)

O preceito de Sir. Willian Osler - considerado pai da medicina moderna - de que "A medicina é aprendida na beira do leito e não nos anfiteatros" nos coloca para refletir que na prática clínica, cada conduta realizada pelo médico deve ser individualizada para cada paciente. Inosbstante as recomendações com maior nível de evidência sejam feitas pelas metanálises e recomendadas como as mais relevantes no estudo da medicina e na prática médica, todas as individualidades, quando se trata de um único sujeito, devem ser levadas em consideração.

Cabe afirmar que, no que concerne à psiquiatria e sua prática clínica, constata-se que não existem estudos consistentes que guiem o médico às condutas que asseguram bons resultados e um exemplo disso é o paciente com depressão leve a moderada. Uma metanálise publicada em 2010 evidencia que a diferença da eficácia do tratamento de depressão com antidepressivos e com placebo só passou a ser clinicamente significativa em pacientes que tinham uma pontuação de 25 ou mais na "Escala de Hamilton para Depressão", revelando que os antidepressivos atuam de maneira superior ao placebo apenas em depressões moderadas e graves (Fournier, 2010). Além disso, estudos de ensaios clínicos controlados sugerem que em depressões leves e moderadas a eficácia do tratamento com medicações antidepressivas é equivalente ao do tratamento com psicoterapia. A eficácia dos antidepressivos sugerida nesses ensaios clínicos se aproxima a 46%, que é relativamente baixa quando comparada a tratamentos de outras áreas da medicina (Cascalenda; Perry; Looper, 2002). Lacunas como essa são encontradas em diversas doenças psiquiátricas, fazendo com que muitas vezes não exista uma única resposta correta para o tratamento do sofrimento mental. De acordo com o Ministério da Saúde, apenas 30% das esquizofrenias têm remissão completa, 30% têm remissão parcial e 30% se tornam refratárias (Ministério da Saúde, 2013), demostrando que ainda estamos longe do tratamento ideal das doenças psíquicas e que não podemos dispensar os estudos dos casos clínicos.

No que se refere à psiquiatria, a enunciação de Willian Osler nunca foi tão contemporânea. Um psiquiatra que tenha seus conhecimentos guiados apenas pelo conhecimento teórico dos *Guidelines* mais atualizados, mas que não tenha uma prática clínica rica, um bom entendimento da subjetividade e que não realize leituras de casos clínicos escritos será um médico que provavelmente terá resultados insatisfatórios em suas condutas. Os *Guidelines* nunca devem ser abandonados, pois servem para nos manter atualizados e nos proporcionar um guia que pode ser seguido com crítica. É claro que a metanálise é resultado de ensaios clínicos e esses, frutos dos casos clínicos. Contudo, nesse percurso do mais singular ao mais universal, o sujeito é gradativamente apagado e a transferência suprimida em nome do discurso da ciência. Logo, a vivência clínica, o estudo de casos clínicos, a empatia, a escuta da subjetividade do sujeito, uma boa relação médico-paciente e a individualização do tratamento são essenciais para o sucesso nas intervenções em psiquiatria.

O SINGULAR NO PARTICULAR

Propomos comentar as origens etimológicas das palavras "caso" e "clínico". Se por um lado, "caso" advém do latim *cadere*, que significa "cair para baixo", ou seja, aquilo que se encontra concernido ao real, fora de uma regulação dialética, excluído da esfera da representação simbólica, sem possibilidade de tradução e, portanto, impossível de ser suportado; por outro, a palavra "clínica" advém do latim *klinein* que quer dizer leito, de sorte que derivam dessa palavra latina os verbos declinar, inclinar (Viganò, 2010). Logo, clínica é o ensino que se apreende na beira do leito, diante do corpo do paciente, na presença do sujeito. Trata-se de um ensino que ocorre a partir da experiência no âmbito do particular e não a partir de um saber teórico universal. Portanto, o caso clínico é inclinar-se sobre o real que escapa ao simbólico.

É necessário ressaltar que, ao nos referirmos à clínica, o que nos interessa é a experiência a ser extraída. Portanto, é preciso que abordemos a experiência com o menor número de filtros possíveis. Dizer da experiência no que concerne à psicanálise é bem diferente da experiência referida à ciência. A experiência extraída a partir da psicanálise, distintamente do discurso da ciência, é concebida, num esforço de elucidação, de uma práxis específica, referida ao discurso analítico, em que a transferência constitui um elemento fundamental.

Logo, é fundamental que o vínculo transferencial seja mencionado no caso porque a essência do sintoma é inseparável da transferência, visto que ambos estabelecem uma continuidade moebiana. Ademais, cabe assinalar que a transferência é repetição, mas que a repetição não se resume na transferência, visto que a repetição se dirige ao mais além do princípio do prazer. Em contrapartida, no discurso científico, as observações objetivas trabalham com a finalidade de eludir a transferência, a subjetividade, a narrativa e a singularidade.

Efetuar relatos muito elaborados com interpretações *à priori*, a partir de um conhecimento prévio acerca de uma estrutura pré-determinada, é um total equívoco, como são os casos de profissionais que tentam ajustá-los conforme atributos de uma tipicidade: "esse caso é típico de uma estrutura histérica".

No caso clínico, devemos elucidar qual é o traço essencial e singular e quais são os elementos que pertencem à adventícia e que são acessórios. O caso clínico teve ter sua orientação em direção ao real, no que concerne à realidade psíquica do sujeito, ao romance familiar, à fantasia do sujeito e o seu sintoma, com a finalidade estabelecermos a direção do tratamento.

Vale dizer que a construção do caso seria como nos aproximarmos o mais perto do núcleo estrutural, com a finalidade de isolarmos o que tem de singular no particular (Berenguer, 2018). Cabe ressaltar a pertinência de estabelecer um cotejamento entre as construções realizadas a partir do material clínico recolhido e a estrutura que supomos existir como ponto de apoio. Entretanto, a noção de estrutura clínica foi questionada por Lacan, a partir do Seminário XX. Portanto, pode-se dizer que neurose, psicose e perversão são construções que mesmo as estruturas clínicas são incapazes de acolher todo o tipo de real que surge do sofrimento psíquico.

Logo, de maneira paradoxal, denominamos de estruturas as modalidades de construções simbólicas empreendidas pelo sujeito frente ao real que não se deixa se adequar ao saber (Berenguer, 2018). Entretanto, como a construção do caso é uma construção de saber, ela inclui as ficções como uma verdade mentirosa que são respostas do sujeito diante da inconsistência e da incompletude do Outro. Nos casos de neurose, a fantasia vem em resposta ao real da inexistência da relação sexual e nos de psicose, o delírio entra como uma resposta à perda da junção do sentimento mais íntimo de vida (Lacan, 1958/1998a).

Enfim, o objetivo da direção do tratamento é que o sujeito possa encontrar o seu *sinthoma*. Lacan propôs o *sinthoma* como um quarto nó que pudesse enodar os registros real, simbólico e imaginário como uma função reparadora do nó em relação às falhas estruturais dos respectivos registros. Logo, o *sinthoma* como um quarto elemento que amarra os outros três registros surgem como uma contingência capaz de proporcionar uma suplência cujo ajuste equivale à função do Nome do Pai (Beneti, 2018).

Existe uma tradição de brincar com os acadêmicos ao dizer que a medicina, sob o ângulo da teoria, é maravilhosa, tudo se encaixa de maneira justa e exata, onde tudo se arranja de maneira a permanecer perfeita. A questão que se impõe é que, o problema da medicina é o paciente, visto que nem sempre os pacientes não se adaptam aos protocolos. Portanto, vale dizer que o estudo do caso clínico é a extração de uma teoria da prática e não uma prática da teoria.

DISCURSO DO MÉTODO

A finalidade da construção do caso é a de provocar uma tensão a partir da clínica com o intuito de forjar uma teoria capaz de sustentar uma prática. Assim, antes de apresentar o caso e de colocá-lo em debate, é necessário escolhê-lo previamente e elaborá-lo com bastante antecedência. Pode-se dizer que temos duas palavras homofônicas concernidas ao caso clínico, "seção" e "sessão", e que possuem significados distintos. Se por um lado, seção significa "cortar", "dividir", "repartir" e "separar"; por outro, sessão designa "reunir" e "unir" durante um certo intervalo de tempo (Campos, 2018).

Assim, a construção do caso alude à segunda parte do *Discurso do método*, de Descartes (1637/1996), em que a primeira orientação cartesiana é a de jamais acolher algo como verdadeiro, que não se conheça estritamente como verdade, evitando cuidadosamente a precipitação e a prevenção; segundo, dividir cada uma das dificuldades – para que se possa examinar – em tantas parcelas quanto possíveis; terceiro, dispor os objetos em ordem dos mais simples e mais fáceis conhecendo-os pouco a pouco, até os complexos e mais difíceis; e por último, reunir, rever e enumerar com a certeza de nada omitir.

UMA CONSTRUÇÃO DE MUITOS

O termo "construção" foi proposto por Freud e está em oposição à interpretação do caso. Essa distinção deve ser levada em conta até as últimas consequências. Enquanto a interpretação é a decifração dos significantes recalcados, o objeto permanece e deve ser reconstruído. Na psicanálise, dizemos de construção da fantasia. Portanto, se por um lado, a interpretação é a operação simbólica que visa extrair o real do gozo pela via dos significantes; por outro, a construção visa reintegrar os significantes perdidos (Viganò, 2010).

Na instituição, a construção do caso clínico é o resultado do trabalho de equipe da qual muitos participam. O trabalho de construção visa trazer à luz a relação do sujeito com seu Outro. Quando o paciente pergunta o que aqueles operadores querem dele, é sinal que ele pode ter entrado no discurso, no laço social, visto que agora ele percebe o Outro.

Para a construção do caso clínico, deve-se descrever o quadro psicopatológico do paciente, a história clínica e psiquiátrica, a história familiar, história social e um exame do estado mental detalhado deve ser feito e descrito. Além disso, uma estratégia de terapêutica deve ser pensada, tendo como foco a melhora do paciente, levando em conta todas as suas individualidades[5]. Esse paciente está apto a tomar medicação? Terá apoio familiar? Necessita de internação? Pode pagar por medicações mais eficazes? Oferece risco à própria vida ou a de outra pessoa? São todas questões que devem ser levadas em conta na hora do manejo do paciente psiquiátrico e que devem ser descritas no caso (Ferreira, 2005).

Quando utilizamos o caso clínico como uma maneira de estudo e de aprendizado da psiquiatria, é necessário que, além do relato do caso, lacemos mão da utilização de referências bibliográficas. A bibliografia e as citações devem conversar com o relato de caso, estabelecendo uma união entre o que foi descrito no caso e o que já foi descrito em literatura, de sorte que deve ficar clara a dialética entre ambas as informações. Jamais a literatura deve servir para ilustrar a construção do caso. Com isso, o leitor poderá compreender e cotejar com o que já foi descrito em outros livros ou artigos. Ademais, o autor terá a oportunidade de verificar se ele está com um caso original, raro ou inovador nas mãos ou se o caso é de difícil manejo transferencial ou mesmo refratário ao tratamento sugerido, de sorte que se poderá descrever como foi o desafio encontrado na direção do tratamento.

A DIREÇÃO DO TRATAMENTO

No que concerne à direção do tratamento, Lacan extrai do livro *Da guerra*, do general prussiano Carl von Clausewitz (1832-37/2010), a ideia da política, da estratégia e da tática como elementos essenciais capazes de nos orientar sobre um caminho no qual possamos conduzir o sujeito, visto que o analista conduz o tratamento, mas não o paciente (Lacan, 1958/1998b).

Grosso modo, a política seria "o fim", ou seja, a finalidade última do tratamento. Seja no âmbito da psiquiatria, seja na esfera da psicanálise, o fim seria o reestabelecimento da saúde mental que, em suma, poderia ser resumido e inspirado em Freud, como a capacidade de amar e trabalhar.

No que concerne à estratégia, são os meios pelos quais se alcançam os fins. A estratégia seria "o que", ou seja, quais os instrumentos, os recursos e a logística que poderíamos utilizar para alcançar o fim do tratamento. Logo, podem ser consideradas como estratégias a escuta analítica da subjetividade, particularmente, no que se refere ao recolhimento das cenas traumáticas e dos significantes mestres ordenadores do destino do sujeito e que são destinados com o tratamento ao esvaziamento de sentido. Assim, recolher os dizeres do sujeito é fundamental para a construção do caso. Sugerimos que se atenha inclusive a certa literalidade sobre o que foi dito. Ainda fazem parte da estratégia, a escolha adequada do uso de psicofármacos, a terapia ocupacional, o atendimento de família, os atendimentos primários nos ambulatórios, os atendimentos secundários nos CAPS (Centro de Assistência Psíquica) com permanência diurna ou noturna e hospitais dias; e por fim, os atendimentos terciários que propõem internações em hospitais. Entretanto, vale dizer que os níveis de atendimentos devem ser estabelecidos em sistema de rede e que o sujeito poderá usufruir de cada equipamento quando se julgar oportuno e indicado.

Por última, a tática seria "o como" aplicar a estratégia. Assim, poderíamos cogitar sobre qual medicação utilizar e qual a dose e sua posologia; quanto tempo seria a internação proposta; quais seriam os profissionais que constituiriam a equipe multiprofissional designada para assistir o paciente e qual será o técnico de referência; haverá ou não reuniões de família e visitas domiciliares; quantas vezes esse sujeito seria escutado, de que forma, com que frequência, qual a duração das sessões, e qual o momento oportuno para a subjetivação, a localização, a retificação e a interpretação.

A decisão de uma internação psiquiátrica sempre deve ser do conjunto da equipe, ponderando os prós e os contra do referido ato. Assim, é necessário que se descreva qual o motivo da internação a partir de critérios específicos que possam levar o paciente a ser internado. Ao se optar por uma internação, opta-se por dar àquele paciente uma assistência integral, o que implica em um espaço de vida fora de casa e da família. Com isso, trata-se de uma escolha justificada pela ideia de que esse sujeito necessita de suportes e equipamentos especiais para que o seu funcionamento psíquico se reestabeleça novamente.

Portanto, é necessário estabelecer nesse tipo de caso clínico o que é a internação e seus efeitos, qual será o plano terapêutico, como será feita a alta da internação e como se constroem as condições de saída e de manutenção do tratamento externo ambulatorial ou de hospital dia, incluindo-o na rede de saúde mental. A passagem do hospital ao ingresso na atenção primaria e secundaria deve ser acompanhada pela equipe para que o paciente não se extravie. Todos esses preceitos devem ser feitos tendo como foco principal, o reestabelecimento da saúde mental do sujeito e a sua inserção na sociedade novamente.

CONCLUSÃO

A medicina é a ciência onde a descoberta é mais gratificante e empolgante. Via de regra, as descobertas não são resultado de protocolos, mas fruto acidentais de uma casuística clínica, onde o novo pode advir da experiência e ser considerado como algo inteiramente relevante e fundamental.

Enfim, a construção do caso clínico serve para nos orientarmos no que concerne à direção escolhida para estabelecermos o tratamento. A construção do caso clínico pode perfeitamente ser conciliada com as metanálises, visto que é recomendável uma dialética entre o universal e o singular, na medida em que uma proposição responderia à incompletude da outra.

O caso clínico, como caso único elevado à condição de paradigma, tem a finalidade de nos proporcionar uma pesquisa detalhada do sujeito onde estão incluídos os processos subjetivos, as narrativas complexas e o singular no particular. Embora ainda necessite de um refinamento metodológico, é um instrumento poderoso, visto que permite a formulação de novas teorias e a reformulação de teorias antigas, favorece a superação da dicotomia entre a prática clínica e a ciência e, por fim, proporciona um ajuste da metanálise ao campo da realidade onde a clínica é soberana.

REFERÊNCIAS BIBLIOGRÁFICAS

BENETI, A. Do discurso do analista ao nó borromeano: contra a metáfora delirante. In: *A formação do psiquiatra*: 50 anos de ensino e transmissão em psiquiatria e suas conexões. Belo Horizonte: Editora Topológica, 2018.

BERENGUER, E.*Cómo se construye um caso? Seminario teórico y clínico, primeira sesión del seminario*. Barcelona: NED Ediciones, 2018.

CAMPOS, S. A formação do psiquiatra. In: *A formação do psiquiatra*: 50 anos de ensino e transmissão em psiquiatria e suas conexões. Belo Horizonte: Editora Topológica, 2018.

CASACALENDA, N.; PERRY, J. C.; LOOPER, K. Remission in major depressive disorder: a comparison of pharmacotherapy, psychotherapy, and control conditions. *The American Journal of Psychiatry*, v. 159, n. 8, p. 1354-1360, 2002.

CLAUSEWITZ, C. *Da guerra*. São Paulo: Martins Fontes, 2010. (Trabalho originalmente publicado em 1832-37)

DESCARTES, R. O discurso do método. In: *Coleção Os Pensadores*. São Paulo: Editora Abril, 1996. (Trabalho originalmente publicado em 1637)

FERREIRA, A. A construção do caso clínico na internação psiquiátrica: uma direção para o plano terapêutico. *Revista Latinamericana de Psicopatologia Fundamental*, v. 8, n. 2, p. 204-220, 2005.

FOURNIER, J. et al. Antidepressant Drug effects and Depression Severity: A Patient-Level Meta-Analysis. *JAMA*, v. 303, n. 1, p. 47-53, 2010.

LACAN, J. De uma questão preliminar a todo tratamento possível da psicose. In: *Escritos*. Rio de Janeiro: Jorge Zahar Editor, 1998a. p. 581-582. (Trabalho originalmente publicado em 1958).

LACAN, Jacques. A direção do tratamento e os princípios de seu poder. In: *Escritos*. Rio de Janeiro: Zahar, 1998b. (Texto original publicado em 1958).

MINISTÉRIO DA SAÚDE. Protocolo clínico e diretrizes terapêuticas – Esquizofrenia. Portaria SAS/MS nº 364, de 9 de abril de 2013. Disponível em: <https://portalarquivos.saude.gov.br/images/pdf/2014/abril/02/pcdt-esquizofrenia-livro-2013.pdf>. Acesso em: 01 jul. 2021.

VIGANÒ, C. A construção do caso clínico, In: *Novas conferências*. ALKMIM, W. Clinicaps, 2010.

O LUGAR DOS CASOS PARADIGMÁTICOS NA AUDITORIA EPISTÊMICA DA PSIQUIATRIA

Saulo Carvalho

Qualquer um que conheça de perto a forma como se organiza a comunidade médica sabe que, ao contrário do que supõe o imaginário popular e salvo poucas exceções, o médico comum não é um grande conhecedor da ciência. Seja pelas lacunas deixadas pelos currículos das universidades, seja por um desinteresse generalizado, o clínico raramente está atento aos determinantes que constituem a ciência que ele põe em prática diariamente. São raros, por exemplo, aqueles que sabem avaliar criticamente os artifícios metodológicos e os malabarismos estatísticos empregados nos inúmeros artigos que regem as inclinações para o uso rotineiro de determinado agente farmacológico. Provavelmente são mais raros ainda aqueles que sabem ler não só as entrelinhas metodológicas, mas também as entrelinhas dos determinantes extra-cognitivos que regulam as pesquisas de seu campo – destaque para os muitos vieses econômicos, políticos e sociais que engendram a indústria da publicação científica. Não é de se espantar, então, que o médico clínico ordinário tenha se fragilizado e se tornado um alvo ingênuo para a astuta indústria de marketing das corporações farmacêuticas. Ousaria dizer que é bastante provável que o propagandista farmacêutico, portador de um enganoso ar subserviente em suas visitas regulares ao consultório médico, está mais advertido que o "doutor" das circunstâncias que influenciam efetivamente as iniciativas de pesquisa, a publicação de trabalhos e a comercialização de novos agentes terapêuticos.

Como explicar a instalação desse processo que faz o médico assumir um lugar cada vez mais marginal, como mero coadjuvante na cena de sua ciência? No fim das contas, parece que, até mesmo em matéria de ciência, tudo é vaidade![1] A Medicina muitas vezes parece mais interessada em portar as insígnias da ciência que realmente se exercitar no rigor da dúvida, ato científico por excelência. Em alguma medida, é desse apreço em cumprir a face imaginária da ciência que nasce sua necessidade de professar a fé em certos dogmas, levando-a a abordar seu objeto primeiro – o humano – da forma mais naturalista possível, ignorando que a marca daquilo que é essencialmente humano está, na verdade, na ultrapassagem das prescrições rígidas do mundo natural. Talvez seja mesmo essa a porta aberta que a organização industrial encontrou para tomar de assalto o consultório médico, instalando uma espécie de fordismo[2]: você pode bancar o cientista da vez e ser o portador do jaleco branco, desde que distribua sem contestações meu novo produto.

Para a realização desse cenário, torna-se fundamental que a comunidade médica esteja aderida àquelas concepções mais simplistas e ingênuas de ciência, tal qual o empirismo bruto, sobretudo em sua versão revigorada do neopositivismo ingênuo[3]. Trata-se de escolas que, independente de seu grau de sofisticação, prendem-se à ideia de que o mundo deve ser apreendido de forma puramente objetiva, pela materialidade dos sentidos, sem qualquer construção teórica *a priori* e sem qualquer interferência do sujeito que pratica a ciência.

O curioso dessa situação é que aqueles campos da ciência que não têm de se preocupar em garantir as aparências, posto que gozam inquestionavelmente do estatuto de ciência, há quase quinhentos anos deixaram de tomar atalhos no enfrentamento dos desafios impostos pela complexidade de seus objetos de estudo e aceitaram que determinantes

[1] Referência ao famoso versículo bíblico que assevera: "Vaidade das vaidades, tudo é vaidade" (Eclesiastes 1:2).

[2] O fordismo se refere a um tipo de gerenciamento tecno-burocrático que se baseia na utilização de mão de obra especializada, na profunda divisão das tarefas, no uso de técnicas repetitivas e na produção de serviços ou produtos padronizados.

[3] Neopositivismo: escola filosófica surgida no final da década de 1920, sobretudo no chamado Círculo de Viena.

como a intuição e mesmo a estética entrassem nas regras do jogo científico. Assim, ainda em 1543, Copérnico empreenderia uma das maiores revoluções científicas da história ao propor o Sol e não a Terra como o centro de nosso sistema planetário, ainda que os dados brutos da experiência sensível depusessem contra seu modelo.[4] Somente em 1610 Galileu, utilizando-se pela primeira vez de um telescópio, observaria os dados empíricos que confirmavam a tese copernicana. O fato é que as intuições de Copérnico perseveraram mais pela elegância estética do sistema que engendravam – mais simples e unificador que o sistema ptolomaico que o precedeu – que pela fidelidade cega às observações diretas disponíveis na época.

Há aqui um paradoxo interessante que nos faz perceber o quanto a prática do que chamamos ciência está grandemente condicionada por fatores pouco "científicos": por um lado temos a Física, disciplina que, por excelência, tem a matéria como objeto – e que, talvez por isso mesmo, usualmente funcione como o exemplo acabado de prática científica – e que há muito ultrapassou os impasses do empirismo e do positivismo. De outro lado temos a Medicina, que toma como objeto o homem enquanto ser biopsicossocial, que, por óbvio, tem na matéria sua causa necessária, mas cuja estruturação – subjetiva, social, cultural e histórica – ultrapassa largamente as leis da estruturação da matéria. Pois é dessa mesma Medicina que vem a mais aferrada defesa do empirismo e do naturalismo, inclusive em sua versão mais ingênua, ou seja, aquela do indutivismo estatístico pobre que facilmente se presta a embaraços e interesses duvidosos.

Tal paradoxo parece se aprofundar à medida que adentramos naqueles campos em que sobressaem os determinantes psicossociais: a quem falta o dado bruto da matéria sobram esforços da ordem do semblante para que se sustente o estatuto de prática científica. Isso é especialmente verificável na Psiquiatria, disciplina que há duzentos anos reclama a inclusão no marco objetivo da Medicina anatomo-clínica, aparentemente sem muito sucesso, já que a reinvindicação se mantém atual como nunca.

[4] O modelo copernicano implicava algumas previsões astronômicas que não se mostraram verificáveis na época: Marte e Vênus deveriam variar de tamanho ao longo do ano e Vênus deveria exibir fases como a Lua.

No afã de ser admitida como irmã legítima dos outros saberes médicos, a Psiquiatria frequentemente subsume-se de forma acrítica a qualquer artifício que forneça uma demão de verniz em sua fachada de prática de precisão. É nesse contexto que a Psiquiatria se autodeclara Medicina, estabelecendo, por convenção, suas supostas bases anatomo-fisiológicas. É mesmo uma pena já que, talvez como nenhum outro campo, a Psiquiatria tem nas mãos a faca e o queijo – o "humano" e o "natural"[5] – para levar além não só o conceito de Medicina, mas o da própria ciência.

Esse caráter artificial e mesmo arbitrário da Psiquiatria seria assumido de forma explícita nas muitas edições do *Manual Diagnóstico e Estatístico dos Transtornos Mentais – DSM*, da Associação Americana de Psiquiatria, sobretudo com a publicação de sua terceira edição em 1980. No entanto, desde sua fundação a Psiquiatria se ergue sobre um embaraço epistêmico que, quando ignorado ou recusado pelo uso de estratagemas artificias, se converte em uma fratura que ameaça ruir todo o edifício psicopatológico.

Não vou retomar aqui toda a pletora de críticas que são merecidamente endereçadas ao modelo do DSM. Basta dizer que, mesmo para os advogados de uma Psiquiatria puramente neurobiológica, a estratégia de contabilizar sintomas e estabelecer fronteiras nosológicas artificiais se mostra hoje inútil. Nesse sentido, Thomas Insel, o então diretor do *National Institute of Mental Health* – NIMH, principal órgão americano de fomento à pesquisa em Psiquiatria, veio a público em 2013, no contexto do lançamento da quinta versão do DSM, dizer que os "pacientes com transtorno mentais merecem mais" que o manual tem oferecido.[6]

Nesse impactante editorial, o NIMH verbaliza o que já se sabe há muito: impulsionados por forças duvidosas, os DSMs se edificaram sobre uma base extremamente movediça, forçando delimitações diagnósticas arbitrárias que cada vez menos guardam compromisso com os problemas clínicos reais. Isso pode ser evidenciado, por exemplo, se quisermos tomar um ponto de vista bastante objetivo, no fato de que as pesquisas

[5] No início do século XX ganha força a querela dos métodos que divide o campo epistêmico entre as ciências da natureza e as ciências humanas.

[6] Editorial intitulado *Transforming Diagnosis* publicado no site do NIMH em 29 de abril de 2013.

farmacológicas - que obrigatoriamente devem utilizar como ponto de partida as entidades do DSM[7] - há décadas se mostram inaptas a oferecer novas opções terapêuticas clinicamente relevantes. No entanto, se por um lado o NIMH expõe a necessidade urgente de não mais ignorarmos os embustes epistêmicos da disciplina psiquiátrica, por outro lado, ao propor uma nova iniciativa de organização da nosologia, denominada *Research Domain Criteria* - RDoC, volta a recobrir nossas dificuldades intrínsecas com o requentado artifício da suposição de uma determinação exclusivamente neurobiológica. Assim, apostando que encontrará os fundamentos sólidos da Psiquiatria na "coleta de dados genéticos, imaginológicos, fisiológicos e cognitivos", se deixa cair, uma vez mais, na tentação vaidosa de sustentar um semblante empirista. A verdade é que, mais que uma crítica sensata, o que o instituto americano faz é uma espécie de delação premiada daqueles dos quais até ontem era cúmplice. Há aqui uma ironia histórica, pois o DSM, que sempre foi criticado por simplificar demasiadamente e empobrecer a clínica psiquiátrica, até bem pouco tempo era fielmente defendida pelos mesmos "cientistas" que hoje a rejeitam, com o argumento de que aquele era afinal o preço a se pagar pela construção de uma Psiquiatria científica.

Não é difícil perceber as evidentes aporias de uma iniciativa como a do RDoC, já que duzentos anos de Psiquiatria nos fornecem um arcabouço histórico suficiente para estabelecermos algumas constatações. É bastante esclarecedor, por exemplo, percebermos que há um ordenamento lógico que sempre ditou a evolução do conhecimento psiquiátrico desde sua fundação: primeiro se estabelece o enquadramento fenomenológico e comportamental de determinada entidade psicopatológica ou nosológica, para somente depois se proporem e se buscarem as bases neurobiológicas daquele constructo. Nunca, nenhum conceito psicopatológico nasceu da pipeta ou do microscópio de um pesquisador; sempre da escuta e da observação de pacientes. Se, nunca, nenhum paciente houvesse comunicado que é acometido por alucinações auditivas, não seriam as brilhantes luzes de um exame de ressonância funcional que acusariam a presença

[7] O *Food and Drug Administration* - FDA, agência americana que, dentre outras coisas, controla a aprovação de agentes farmacêuticos, exige que os ensaios clínicos para a aprovação de um novo psicofármaco utilizem as categorias do DSM.

do fenômeno. Se nenhum deprimido tivesse nos falado, até então, de sua dificuldade em continuar a existir, não haveria mapeamento genético capaz de colocar tal sofrimento no mapa clínico. O mesmo ordenamento lógico pode ser constatado na história da descoberta dos principais fármacos da prática psiquiátrica: primeiro se verificou – por obra do acaso, diga-se de passagem – a utilidade da clopromazina e da imipramina, para somente depois se proporem as hipóteses dopaminérgica da esquizofrenia e serotoninérgica da depressão.

O fato é que, independente da tendência assumida por determinado psiquiatra – como se o psiquiatra, diante da complexidade da clínica, pudesse se dar ao luxo de estacionar em certa posição –, desde o neurologista convicto, passando pelo clássico saudosista, até o psicanalista *blasé*, parece ser ponto pacífico que a pesquisa que poderia forçar nossas fronteiras desde dentro se encontra estacionada. Há um fracasso experimentado diariamente na clínica que não se trata do fracasso de não acompanharmos a corrida tecnológica das outras especialidades médicas, mas sim do fracasso de não estarmos à altura das exigências das peculiaridades de nosso objeto de estudo. Nesse contexto, é urgente que se empreenda dentro da Psiquiatria o que Berrios e Marková (2019) chamam, de forma muito feliz, de "auditoria epistêmica": diante de nossa paralisia, devemos nos perguntar se nosso insucesso se deve (i) a uma opacidade intrínseca do nosso objeto de estudo, (ii) às limitações da linguagem psicopatológica, ou (iii) à inadequação dos nossos métodos de pesquisa. De saída, julgamos bastante provável que os três componentes sejam igualmente relevantes na problemática aqui apresentada. No entanto, o caminho que tomaremos a seguir privilegiará o terceiro desses fatores, propondo a redescoberta de um método de pesquisa alternativo que, se como veremos, não é novo, foi largamente esquecido em favor dos consensos arbitrários e do indutivismo estatístico.

Deixemos claro, desde já, um ponto crucial: por certo, não advogamos que os levantamentos estatísticos não têm seu lugar justo na pesquisa médica. Basta olharmos para os acontecimentos recentes, nos quais os estratagemas de alguns grupos políticos se chocaram contra as diretrizes científicas, para verificarmos esse fato incontornável. Diante da calamidade gerada pela pandemia de COVID-19, milhares de pessoas foram protegidas de riscos vazios e milhões de dólares tiveram melhor destinação na contenção da crise graças às análises estatísticas dos dados do uso da hidroxicloroquina. Líderes populistas propagandearam a administração desse antigo composto como a solução definitiva para a pandemia viral, mas, como os melhores ensaios disponíveis até o momento não demonstraram sua eficácia, seu uso foi desaconselhado pela Organização Mundial da Saúde.

Não se trata, portanto, de negar a utilidade de determinada metodologia na abordagem de aspectos particulares da nossa prática. A questão levantada quando nos propomos uma "auditoria epistêmica" da ciência psiquiátrica é que, na tentativa de apreensão de um objeto de análise tão complexo e indócil quanto a vida mental, os muitos aspectos desse objeto demandarão abordagens metodológicas variadas. Assim, a análise estatística de uma casuística tão ampla quanto possível – método indutivo – será útil, por exemplo, para os levantamentos epidemiológicos e para a testagem da eficácia de determinado agente farmacológico. No entanto, o entendimento daquilo que constitui o essencial dos fenômenos psicopatológicos, bem como a participação destes mesmos fenômenos na estruturação de cada recorte nosológico, exigirá a convocação de metodologias menos ortodoxas. É nesse contexto, que, na composição desse "camaleão metodológico" (Tatossian, 2006, p.35) que constitui a Psiquiatria, voltaremos nosso olhar para a análise de exemplos paradigmáticos.

Karl Jaspers (1985), ainda em 1913, ao lançar os fundamentos da disciplina psicopatológica, diria que "a base experimental da psicopatologia é constituída de casos singulares" (p.37). Para o autor, a análise em profundidade das particularidades de um caso e a descrição dos fenômenos levando-se em conta não sua apreciação isolada, mas sua inserção no contexto histórico do paciente singular, constituiria a casuística apropriada para embasar nossas principais concepções. Jaspers acrescenta, ainda, que outros métodos casuísticos, como o estatístico, são "menos apropriados para uma investigação regular" das nuances psicopatológicas. Notamos a grandeza desse autor quando, quarenta anos antes da descoberta dos primeiros psicofármacos e setenta anos antes da elevação do DSM à condição de "bíblia da Psiquiatria", adverte em tom profético que "(...) um procedimento exato construído com base em pressuposições inexatas leva aos maiores equívocos" (Jaspers, 1985, p. 38). Ou seja, à exemplo de uma edificação, sobrepor vários andares construídos com materiais rígidos não garante a sustentação de uma torre elevada sobre um terreno naturalmente movediço. Pelo contrário, a dureza dos materiais só acelerará o processo de deterioração que culminará com a ruína de todo o empreendimento.

Nesse contexto, a estratégia do estudo de casos individuais se mostra particularmente atraente já que, na Psiquiatria, mais que em qualquer outra especialidade médica, aquilo que se pode provocar e medir no ambiente controlado *in vitro* não encontra proporção com o que realmente acontece *in vivo* na experiência concreta da clínica. Tomemos um exemplo frequentemente observado na prática cotidiana: um paciente que, imerso nas relações comezinhas de seu ambiente familiar, se apresenta em uma crise psíquica, quando colocado sob os limites artificias do funcionamento de uma instituição – seja a permanência-dia de um CAPS, seja a enfermaria de um Hospital – rapidamente se restabelece, ainda nos primeiros dias da intervenção, muito antes de podermos colher os efeitos de qualquer outra estratégia, seja farmacológica, seja psicoterápica. Essa situação demonstra, de maneira bastante evidente, que as vivências psíquicas estão atreladas, de forma indissociada, às particularidades que compõem o complexo de relações daquele paciente singular.

Mesmo Wilhelm Griesinger, psiquiatra alemão porta-voz de um organicismo mais radical, primeiro a estabelecer um verdadeiro tratado de Psiquiatria, observava que

> (...) dois indivíduos podem dizer ou fazer exatamente a mesma coisa, por exemplo, exprimir sua crença na influência de bruxos (...); o observador que sabe o que isso quer dizer, declarará um desses indivíduos como alienado e o outro sadio de espírito. O que torna essa interpretação possível é a consideração de todas as circunstâncias concomitantes e uma experiência pessoal aprofundada. (Tatossian, 2006, p. 38)

Em Psiquiatria, o que acontece *in vivo* não guarda simetria com o que se pode provocar *in vitro*. Por que nos debatemos tanto contra essa premissa de fácil constatação? Uma vez mais, percebemos a influência da pretensão vaidosa da Psiquiatria de a qualquer custo fazer grupo com as demais especialidades médicas. Sabemos que o plano somático compreende uma instância eminentemente divisível, o que assegura uma certa possibilidade de independência entre os diversos aparelhos corpóreos e entre os diferentes sintomas orgânicos. Assim, é possível que um ortopedista seja muito eficiente em tratar as lesões que acometem os joelhos sem nada considerar sobre a complexidade dos movimentos do ombro, ou que um neurocirurgião intervenha sobre um aneurisma de localização cerebral precisa sem grandes conhecimentos do sistema gastrointestinal de seu paciente – ainda que a figura do anestesista esteja lá para garantir a integridade e a integralidade dos vários componentes que garantem a homeostasia daquele corpo único.

O aparelho psíquico, por outro lado, é bastante resistente às investidas de compartimentalização, demonstrando uma tendência fugidia sempre que olhamos muito detidamente para os fenômenos isolados em detrimento da apreensão da estrutura global. Por isso, os sintomas psiquiátricos não são como os somáticos, autônomos, reconhecíveis por si mesmos. Antes, adquirem seu valor próprio somente na relação com as demais nuances da vida psíquica: o pensamento incoerente de um paciente confuso não equivale à ocorrência semelhante no contexto de um surto esquizofrênico, assim como a falta de ressonância afetiva demonstrada no curso crônico de um paciente esquizofrênico não se sobrepõe ao recolhimento afetivo de um melancólico. Assim, ainda que seja possível um psiquiatra acumular alguma experiência no atendimento de pacientes que se colocam sob uma mesma rubrica diagnóstica como a dependência química ou os transtornos alimentares, todo psiquiatra deve ser, forçosamente, um generalista, um não especializado.

Ainda que nos habituemos a dividir a vida psíquica em funções enumeráveis – afetividade, pensamento, senso-percepção, etc. –, tal divisão tem somente a função de organizar o percurso do olhar do clínico, além de oferecer uma certa pedagogia do exame para aqueles que se iniciam na *technè*[8] da psicopatologia. O fato é que lidamos com um objeto de estudo cuja unidade ultrapassa em muito a simples somatória de suas partes. Se por um lado a unidade psíquica[9] não se comporta como

8 Termo grego que comporta ao mesmo tempo os sentidos de "técnica" e de "arte".

9 Preferimos a terminologia "unidade psíquica" àquela utilizada por Jaspers, "todo psíquico", já que a ideia de apreensão absoluta da "totalidade da vida psíquica" é uma

um "objeto firme e determinável" (Jaspers, 1985, p. 674), mostrando-se indócil a uma compreensão que se pretenda completa, por outro lado a estratégia de fracioná-la parece não fazer mais que um esquartejamento sanguinário pelo qual escoam as nuances psicopatológicas mais fundamentais. Como proceder diante de tal impasse? Nossa hipótese é que a concretização dos elementos psicopatológicos nas complexas entrelinhas de um caso singular habilmente eleito – isto é, um caso paradigmático –, nos oferece a topologia privilegiada para lidarmos melhor com os embaraços que surgem do confronto entre a impotência da análise das partes e a impossibilidade de síntese do todo.

Na tentativa de perceber o alcance e a legitimidade do método que elege como unidade de análise o caso individual, nos proporemos agora vasculhar minimamente como esse expediente foi tratado por pesquisadores de valor reconhecido, procurando delimitar algumas condições para que um caso clínico singular seja elegível para o propósito de alavancar a apreensão de conceitos mais amplos e gerais.

Vários dos grandes psiquiatras que marcaram nossa ciência pelo rigor epistemológico com que trataram os assuntos da clínica se valeram do estudo aprofundado de um caso singular para ousar avanços conceituais e práticos. É o caso de Ludwig Binswanger, médico suíço que se formou psiquiatra na companhia de Carl Jung, tendo sido aluno e assistente de Eugen Bleuler. Correspondente de Freud por mais de trinta anos e um dos pioneiros na aplicação da fenomenologia à Psiquiatria, Binswanger se mostrava advertido da ingenuidade otimista do programa que cria na tradução completa da complexidade do mundo psíquico em descrições simplistas, dirigindo especial atenção à análise de casos singulares. Em 1956 publica o livro *Três formas da existência malograda* e, em 1957, reúne cinco estudos de caso na obra *Esquizofrenia*, na qual eleva casos como o de Suzanne Urban e de Ellen West à condição paradigmática. No livro de 1956 escreverá:

> Acreditamos que é possível contentar-se com esses poucos exemplos – se pode contá-los com os dedos das mãos –, extraídos do

quimera. Como nos adverte o próprio Jaspers (1985, p. 673), "(...) o todo mental nada mais é, de cada vez, senão o esquema de uma ideia (...). O conhecimento extravia-se quando pretende, afinal, fazer do todo como tal um objeto firme, determinável".

> ilimitado e inesgotável domínio da excentricidade humana. Pois na apreensão fenomenológica das essências, não importa uma acumulação tão grande quanto possível de exemplos ou fatos, mas a *presentificação exemplar* de fatos humanos singulares. (Binswanger, 1956, p. 97)

Asserção semelhante voltará a aparecer no livro de 1957, quando, ao final do estudo feito sobre o caso Suzane Urban, constatará que "(...) só a partir da consumação – na qualidade de exemplar fático –, ela [a pesquisa psicopatológica] consegue experienciar e apreender a essência em questão" (Binswanger, 1957/2012, p. 344).

Binswanger é considerado por muitos como o co-fundador da fenomenologia psiquiátrica. A seu lado estava Eugène Minkowski, psiquiatra de origem polonesa que também fora aluno de Bleuler. Em 1922, na 63ª Jornada Científica da Sociedade Suíça de Psiquiatria, Binswanger comunicaria seu trabalho *De la phénoménologie*, imediatamente depois de Eugène Minkowski apresentar o primeiro exemplo de aplicação do método fenomenológico na análise de um caso clínico. Trata-se de um caso de um homem melancólico assistido por Minkowski, dia e noite, ao longo de dois meses. Esse caso lhe servirá de suporte para elaborar o conceito de "élan vital"[10], além de lhe fornecer os elementos para propor que uma experiência peculiar da temporalidade, especialmente a amputação da perspectiva futura, estaria no cerne das vivências melancólicas. Mesmo quarenta anos depois, em 1966, Minkowski considerará o caso clínico comunicado naquela Jornada de 1922 como "o caso" (Minkowski, 1923/2019, p.67), o que o levaria a reapresentá-lo em seu *Tratado de Psicopatologia* não só como um exemplo de melancolia, mas como um exemplo do próprio método de análise fenômeno-estrutural.

Outro clássico esquecido que soube valorizar a potência dos casos exemplares foi Klaus Conrad, psiquiatra alemão que se dedicou ao

[10] Élan vital pessoal: noção que Minkowski (1923/2019, p.76) toma de empréstimo de Henri Bergson e que corresponderia a "esse ímpeto que orienta toda nossa vida em direção ao futuro, ele se manifesta exteriormente não pelo movimento voluntário, mas pela obra pessoal em todas as suas nuances".

estudo dos desencadeamentos esquizofrênicos, publicando, em 1958, *A esquizofrenia incipiente*. Com sua *Gestaltanalyse*,[11] Conrad perceberá que o estudo do caso singular vai além da atitude mortificante que divide artificialmente a experiência psíquica em elementos atômicos isolados, analisando a significação dos elementos psicopatológicos em função de sua inserção estrutural. É o que se pode perceber na pesquisa que Conrad (1963, p. 19) desenvolve a partir do caso Rainer, "exemplo de livro de um broto esquizofrênico", caso-índice de sua obra magna. Conrad aposta que a análise das configurações que determinada morbidade assume no indivíduo singular pode lançar luz na compreensão de todo o edifício daquela entidade nosológica, já que "todo o vivenciado está configurado" e, portanto, há "(...) uma relação intrínseca da estrutura que nos permite conceber o processo conjunto desde pontos de vista unitários" (Conrad, 1963, p. 19). Com isso, dentre os inúmeros desencadeamentos esquizofrênicos que pôde observar como médico militar no período da Segunda Grande Guerra, o psiquiatra alemão elege um caso *princeps*, "(...) não porque ofereça particularidades que só caracterizam esse caso, mas, pelo contrário, em vista de sua especial tipicidade" (Conrad, 1963, p. 18). Do caso Rainer, Conrad extrairá os desdobramentos que lhe levarão a formular as fases típicas do desencadeamento esquizofrênico – a saber, o trema, a fase apofântica, a fase apocalíptica, a consolidação e o estado residual.

Embora todos esses grandes nomes da Psiquiatria tenham dado, em suas principais obras, protagonismo à análise de exemplares clínicos paradigmáticos, nenhum deles parece ter dedicado uma atenção especial ao método em si. Será somente com Wolgang Blankenburg, outro psiquiatra fenomenólogo alemão, que a preocupação metodológica ganhará primeiro plano. Em seu livro *A perda da evidência natural*, de 1971, Blankenburg se indagará sobre as vivências que se fariam essenciais no processo esquizofrênico e, para tanto, elegerá o caso da paciente Ana Rau, um caso de esquizofrenia oligossintomática, como caso-paradigma.

[11] Que poderia ser traduzido livremente como "análise da forma". A noção de *Gestalt* implica que os elementos não preexistem à configuração estruturada do conjunto, ou seja, o conhecimento do todo não pode ser deduzido do conhecimento separado das partes que aí se encontram.

Em sua longa pesquisa sobre a esquizofrenia, Blankenburg contabilizará o diagnóstico e o seguimento de mais de quatrocentos casos atendidos por ele entre os anos de 1955 e 1967 na Clínica de Psiquiatria e Neurologia da Universidade de Fribourg. No entanto, na apreensão e sobretudo na transmissão da essência da experiência esquizofrênica, sente-se convocado a se voltar mais detidamente para um caso singular dentro dessa multidão:

É um preconceito pensar que no enquadramento de uma tal posição do problema, o caso isolado não pode exprimir nada de confiável. Assim como não será científico, nas questões puramente empíricas, querer generalizar a partir do caso isolado, assim também será não científico querer estabelecer um critério quantitativo como prova de apoio nas análises da essência. (Blankenburg, 1991, p. 64)

Segundo seus critérios, o caso clínico apto a assumir uma função paradigmática no contexto da esquizofrenia seria aquele em que concorreriam uma apresentação clínica sem os sintomas mais ruidosos - como as alucinações e os delírios - e uma predisposição subjetiva do doente que favorecesse a auto-observação e a comunicação habilidosa de suas experiências. Assim, interessava ao pesquisador alemão detectar na multiplicidade das evoluções mórbidas de um quadro polimórfico como a esquizofrenia, aquelas trajetórias que evidenciavam as "síndromes de base". Estas não se mostrariam facilmente no acúmulo dos casos, seja porque em geral estão recobertas pelos sintomas secundários floridos - lembremos da constatação de Clèrambault de que quando o delírio surge, a psicose já é velha -, seja pela frequente incapacidade dos doentes de transmitirem com riqueza a natureza de suas vivências. Assim, "(...) o critério do material a se escolher para a base de análise não é o de uma profusão quantitativa, mas o de um ótimo puramente qualitativo" (Blankenburg, 1991, p. 63).

Deixemos ainda mais claro a função e a potência metodológica do caso que se apresenta ao clínico-pesquisador como paradigmático: ele certamente não é o caso único, a origem única de onde partem as formulações que gravitam em torno de determinados conceitos. É óbvio que, para que tais elaborações ganhem corpo e se avolumem na percepção do pesquisador, elas devem se apoiar em uma experiência múltipla. Nas palavras de Blankenburg (1991, p. 63),

> (...) toda a riqueza da experiência clínica terá certamente de patrocinar a escolha do caso para garantir que não seja selecionado um caso atípico qualquer, mas *um caso de exceção capaz, talvez singularmente, de apresentar na sua pureza o que é geral.*

A verdade é que ninguém acha aquilo que não procura e o clínico não se fará as boas perguntas se já não tiver sido provocado por um número relevante de contingências clínicas. No entanto, o tipo de conhecimento que pode ser acumulado a respeito de nosso complexo e peculiar objeto de estudo em geral não se faz plenamente palpável e não se presta tão facilmente à tradução em linguagens eminentemente explícitas e explicativas. Aqui me permito uma única referência à obra de um psicanalista – não menos psiquiatra que todos os psiquiatras citados anteriormente e cuja filiação à disciplina de Freud o fez ainda melhor na disciplina de Pinel –: é possível que Jacques Lacan, como nenhum outro, tenha feito dessa impossibilidade de tradução a obsessão de seu trabalho, delimitando aquilo que nomeou como o Real. Conceito bastante arredio, que exigiu de Lacan diferentes maneiras de aproximação no curso de todo seu longo ensino, para nossos fins podemos entender o Real como aquilo que da experiência não se pode dizer tudo, aquilo que sempre resiste às tentativas de apreensão pelo instrumento da palavra meramente explicativa. Se, obedecendo à própria condição que determina, não há muitos meios de explicar o que é o Real, tomemos um pequeno exemplo que o mostra[12]: quando Hanna Arendt – considerada por alguns a autora que escreveu as coisas mais corajosas e desmistificadoras sobre o nazismo –, ao conceder uma entrevista em 1964 é apresentada às imagens dos judeus semivivos dos campos de concentração, ela praticamente emudece, só conseguindo balbuciar palavras que estão "entre o eufemismo e o inaudito" (Agamben, 2008, p. 77). "Isso não devia acontecer..." é a única frase que consegue formar e o modo como a repete continuamente naquela ocasião atesta o limite de seu alcance. Podemos dizer, pois, que a experiência dos campos de concentração nazistas é marcada por um inominável, por um Real.

[12] Em verdade, nessa pequena frase se encontra resumida a principal característica do exemplar que funciona como paradigma de determinado contexto: ele é o exemplar que consegue mostrar aquilo para o que não se encontram meios de se dizer de outra forma.

Partindo desse constructo, poderíamos dizer que há muitas elaborações e conceitos clínicos, sobretudo referentes aos elementos essenciais da psicopatologia, que são reais, no sentido de Lacan. Nesse mesmo sentido, o clínico experiente será aquele que carrega consigo um acúmulo real que lhe permitirá, diante das situações contingentes da prática cotidiana, tal qual um faz-tudo,[13] acionar os melhores instrumentos de seu diversificado arsenal para a solução daquela situação particular. Esse acumulado muitas vezes se mostra ser constituído por um tipo de conhecimento que é, em grande medida, tácito, ou seja, não explícito, não plenamente objetivável.[14] Não será fácil, por exemplo, para um psiquiatra experiente, transmitir verbalmente todos os conceitos psicopatológicos e artifícios diagnósticos e terapêuticos que precisou mobilizar durante um primeiro atendimento a um grave paciente psicótico. Na verdade, é bastante provável que nem mesmo ele tenha tomado consciência completa de todas as nuances de seu manejo que só se tornarão um pouco mais explícitas se tiver ocasião de fazer uma construção formal do caso com o objetivo de apresentá-lo diante do supervisor ou do público de um congresso. É possível que o exemplo mais conhecido da incidência desse tipo de conhecimento tácito - real - em nosso campo seja aquilo que Rümke chama de *praecox feeling* - "sentimento precoce" - e que se refere à vivência de estranheza experimentada pelo clínico diante de um paciente esquizofrênico recém-chegado.

Se na clínica frequentemente sabemos mais do que podemos dizer, o caso paradigmático poderá nos servir, se não como a fonte primária do conhecimento, como seu destino possível, apto a condensar e mostrar, de forma privilegiada, aqueles traços reais fundamentais que não encontram tradução adequada nas linguagens de outras metodologias. Julgamos que, ao nos propormos uma auditoria epistêmica da Psiquiatria, teremos de dar conta sobretudo da difícil relação que se estabelece entre as contingências dos casos particulares concretos e a necessidade de conceitos e tipologias gerais. Esse objetivo, que além de premissa

[13] Tradução livre para o termo francês *bricoleur.*

[14] Conceito trabalhado sobretudo por Michel Polanyi (1966, p. 4), em seu livro *The tacit dimension*, em que assevera que "*we can know more than we can tell*".

técnica é também um horizonte ético, está presente na obra de todos os clínicos-pesquisadores que nos serviram de amparo em nosso percurso. Seja pelo recurso à filosofia fenomenológica – nos casos de Jaspers, Biswanger, Minkowski e Blankenburg –, seja pelo empreendimento de um retorno à Freud – no caso de Lacan –, a premissa básica daqueles autores foi a de "(...) prestar contas cientificamente do caráter singular do subjetivo" (Basso, 2015, p. 36).

As Psiquiatrias de orientação biológica, fenomenológica e psicanalítica parecem concordar ao menos na constatação de que é preciso que a Psiquiatria encontre seu lugar na ciência. Parece-nos, no entanto, que ela precisará encontrar seu lugar próprio, obediente às imposições do objeto ao qual escolheu se dedicar, qual seja, a vida psíquica. Para a apreensão desse objeto peculiar parecem não ser suficientes as dicotomias que opõem ciências naturais e ciências humanas, corpo e mente, elementos particulares e elementos universais, sujeito e objeto, prática e teoria. Precisamos antes, de metodologias menos ortodoxas que consigam se desvencilhar dos simplismos, estando à altura de uma ciência que comporte o real clínico.

REFERÊNCIAS BIBLIOGRÁFICAS

AGAMBEN, G. *O que resta de Auschwitz*: o arquivo e a testemunha (Homo Sacer III). São Paulo: Boitempo, 2008.

BASSO, E. L'épistémologie clinique de Ludwig Binswanger (1881-1966): la psychiatrie comme "science du singulier". *Histoire, médecine et santé*, p. 33-48, 2015.

BERRIOS, G. E.; MARKOVA, I. S. A epistemologia da Psiquiatria. *Estudos do século XX*, v. 59, n. 70, 2019.

BINSWANGER, L. *Tres formas de la existencia frustrada*. Buenos Aires: Amorrortu, 1956.

BINSWANGER, L. O caso Suzanne Urban. *Psicopatologia fenomenológica contemporânea*, v. 1, n. 1, p. 198-344, 2012. (Trabalho original publicado em 1957)

BLANKENBURG, W. *La perte de l'évidence naturelle*. Paris: Presses Universitaires de France, 1991.

CONRAD, K. *La esquizofrenia incipiente*. Madrid: Editorial Alhambra, 1963.

JASPERS, K. *Psicopatologia geral*. Rio de Janeiro: Atheneu, 1985.

MINKOWSKI, E. Estudo psicológico e análise fenomenológica de um caso de melancolia esquizofrênica. *Psicopatologia Fenomenológica Contemporânea*, p. 64-92. (Trabalho original publicado em 1923)

POLANYI, M. *The tacit dimension*. Garden City: Doubleday and Company, 1966.

TATOSSIAN, A. *A fenomenologia das psicoses*. São Paulo: Escuta, 2006.

DA CATEGORIA AO CASO ÚNICO

Elisa Alvarenga

Uma categoria, ou uma classe, pode ser definida como um conjunto de pessoas que podem ser abrangidas por um conceito genérico. Porém, as classificações, na psiquiatria, se pretendem cada vez mais ateóricas, dispensando a teoria e mesmo a etiologia, em favor da repertoriação de sintomas. As categorias se tornam, assim, cada vez mais protocolares, o que tem como consequência um empobrecimento da clínica e um uso do saber que serve, antes de tudo, para defender o psiquiatra do "louco" com o qual, muitas vezes, ele não sabe como lidar. Se Jacques Lacan (1964/1998) teve a coragem de dizer que os psicanalistas fazem parte do conceito de inconsciente, posto que constituem seu destinatário, podemos inferir que o praticante da psiquiatria, da saúde mental ou da psicanálise, está implicado no diagnóstico que ele realiza, uma vez que esse diagnóstico deve ser efetuado no interior de uma relação que chamamos de transferencial.

Diante das classificações que se vinculam a protocolos e escalas de avaliação que se pretendem objetivas, desconsiderando campos teóricos ou aplicando-os de maneira automática, a prática orientada pela psicanálise reintroduz o ato de julgar, não universalizável. Buscamos, em cada caso particular, os detalhes e os princípios que possam orientar o diagnóstico e dirigir o tratamento, pois sabemos que as classificações possuem um caráter relativo e artificial. Para o psicanalista francês Jacques-Alain Miller (2001), as classes não existem na natureza, e tampouco no real, mas são fundamentadas na verdade. Se a verdade varia, como aponta Lacan (1976-77) com seu neologismo "varidade", as classes estão sujeitas a esse amálgama da verdade com a variedade, decorrente dos discursos correntes, das descobertas da ciência, etc.

Freud (1915/1969) já era sensível à tensão existente entre o tipo de sintoma e a particularidade de um caso que nos permitiria tomá-lo como único, sobretudo ao compará-lo com uma categoria ou classe já consagrada na clínica: a propósito de um caso de paranoia, interroga se ele contradiz sua teoria segundo a qual o perseguidor pertenceria ao mesmo sexo que o paciente. Mesmo se Freud acaba demonstrando a inclusão desse caso em sua teoria sobre a paranoia, deixa em aberto a possibilidade, verificada cotidianamente na prática, de que um caso particular possa contrariar o que é típico, assim como uma intervenção analítica é avessa a uma prescrição *standard*, padronizada. Essa abertura da prática freudiana, já tão lacaniana, é especialmente evidente na clínica do sintoma: o sujeito se constitui como exceção à regra e seu sintoma é a invenção da regra que lhe falta. Há sintomas típicos, mas, como já notava Freud (1916-17/1976), o sentido de um mesmo sintoma é diferente em sujeitos diferentes e está articulado às experiências individuais de cada um.

Na psicanálise de orientação lacaniana, ir do tipo ou categoria clínica ao caso único pode se referir à passagem da "clínica estrutural", bastante compatível com a articulação entre estruturas clínicas e tipos de sintomas, à "clínica do sintoma", na qual se destaca o caso único como um "inclassificável", aquele cuja construção, realizada sob transferência, e amarração, ou estabilização, inventada no tratamento, interroga e faz avançar a psicanálise, para além das classes já consagradas, graças às surpresas experimentadas na prática clínica. Não se trata de descartar os tipos clínicos construídos anteriormente, mas de mostrar que, de modo paradoxal, a exceção é a regra, ou seja, um caso jamais realiza o seu tipo e, por isso, poderá ser considerado como único.

A prática clínica também poderá criar novos tipos clínicos e, como exemplo, temos a invenção, por Lacan, da "paranoia de autopunição". Se o que caracterizava o sujeito paranoico clássico era a inocência alegada em seu delírio, Lacan (1932/1987) toma um caso como exceção, como caso único, para construir um novo tipo clínico, no qual uma passagem ao ato retorna sobre o sujeito como autopunição. Logo, a prática analítica nos autoriza a fazer de um caso único um novo paradigma, um novo tipo de sintoma, uma nova categoria.

O modo como Lacan retoma, na sua "Introdução à edição alemã de um primeiro volume dos Escritos", a questão do diagnóstico na clínica psicanalítica implica um questionamento da epistemologia classificatória de inspiração estruturalista. O que deriva da estrutura, ou seja, os tipos clínicos, não têm forçosamente o mesmo sentido: tipos de sintoma equivalentes podem ter sentidos radicalmente distintos. O que justifica que a psicanálise se apresente como "ciência do particular" e que se interesse pela formalização do caso único. "Os sujeitos de um tipo não têm utilidade para os outros do mesmo tipo", diz Lacan (1973/2003, p. 554), e é possível que tal variabilidade do sentido tenha possibilitado o advento da perspectiva continuísta na clínica lacaniana, valorizando menos as oposições do que as gradações entre os tipos de sintoma: "há tipos de sintomas - quer dizer, de nós", dirá Lacan (1996, p. 18) no seu "Autocomentário".

Se a primeira clínica de Lacan, descontinuísta, utiliza o Nome do Pai como elemento ordenador do sistema, permitindo o advento da significação e as classificações, Lacan, em sua segunda clínica, pautada pelos nós, privilegia maneiras de atar os registros do imaginário, simbólico e real, utilizando o pai como um conector do sentido com o real do gozo. A prática dessa clínica dos nós acrescenta à formalização da clínica estrutural, classificatória e, portanto, descontinuísta, uma outra, borromeana, categorial e, portanto, continuísta. O Nome do Pai passa a ser, por conseguinte, um equivalente do aparelho do sintoma, concebido como uma maneira própria de nomear o modo de gozo do sujeito, sua maneira de lidar com o que não funciona, fazendo disso o seu modo de funcionar. Nomear é, portanto, diferente de classificar, e passamos do particular ao singular. A clínica do sintoma deixa em aberto a possibilidade de inventarmos novos tipos de sintoma e, assim, a variedade da prática vai do tipo clínico ao caso único e dá origem a novos tipos clínicos. É o que chamamos de elevar o caso à categoria de paradigma.

O caso único é compatível com o individualismo contemporâneo, no qual o sujeito resiste às iniciativas de ser enquadrado e classificado. A redução das classes ao que Lacan chamou de "semblante", ao que faz as vezes de uma outra coisa, não deixa de trazer consequências importantes para a psicanálise, porque dá lugar a um sujeito que escapa às regras e classes pré-estabelecidas. Enquanto o animal realiza sua classe como exemplar, o ser falante é sujeito porque, por mais que pertença a uma classe, jamais será um exemplar adequado dela. Quando apontamos para o sujeito, introduzimos a contingência e a possibilidade da surpresa, pois o caso único será sempre, em maior ou menor grau, uma exceção à regra de uma classe. Inversamente, um sujeito pode subscrever-se a uma classe para organizar-se ou defender-se de um diagnóstico por demais devastador para ele: é assim que muitos sujeitos psicóticos se nomeiam como depressivos, ou toxicômanos, anoréxicos, TOC, etc.

Então, passar da categoria ao caso único demonstra como opera a psicanálise diante do impossível de tratar: extrai o sujeito das classificações padronizadas para permitir-lhe encontrar, a partir da contingência, um sintoma como solução única que poderá, ao ser nomeado, permitir-lhe uma certa estabilização.

Por outro lado, extrair os casos das classificações, focando no que eles têm de inclassificáveis, permite notáveis avanços na prática orientada pela psicanálise. Foi o que observamos no final do século XX quando, diante do declínio da autoridade paterna e da eficácia do Nome do Pai como divisor de águas entre a neurose e a psicose, uma conversação clínica denominada "Os casos raros, inclassificáveis, da prática analítica" aconteceu em 1997, na cidade francesa de Arcachon. Coordenada por Jacques-Alain Miller, essa conversação deu origem a uma publicação e desdobrou-se em outra conversação, em 1998, em Antibes. Nessa segunda conversação, os casos raros revelaram-se bastante frequentes e permitiram a invenção de um programa de investigação que foi denominado de "psicose ordinária" (Miller, 2012). Sob esse sintagma, um grande número de casos são interrogados quanto ao seu diagnóstico e tratamento, possibilitando a invenção de uma clínica das amarrações singulares, em detrimento das categorias diagnósticas clássicas. É assim que opera a psicanálise: ela faz daquilo que não funciona, o sintoma, um novo modo de funcionamento, a partir do encontro com um analista.

Para finalizar, gostaria de dizer uma palavra sobre o momento atual e as perspectivas que se abrem, e se fecham, para a prática clínica a partir do confinamento e isolamento social imposto pela pandemia do COVID-19. Muitos pacientes entraram em crise nesse momento, outros se sentiram confortáveis em seu isolamento habitual. Cada caso pode surpreender o praticante que, da maneira como é possível, vem acompanhando aqueles que querem ser atendidos: seja presencialmente, por vídeo-chamada ou simplesmente por telefone. Uma nova clínica, a partir dessa contingência da prática, inaugura-se aqui? Ainda não sabemos. Para a psicanálise, o encontro dos corpos e a presença do analista são de fundamental importância, mas essa presença se manifesta de maneiras mais sutis do que aquilo que habitualmente chamamos de presença. Lacan (1964/1985) incluiu a presença do analista no conceito de inconsciente, e, portanto, associou-a à emergência daquilo que surpreende o sujeito e o próprio analista. A psicanálise privilegia a presença e o encontro dos corpos sim, mas, em uma situação de contingência como essa diante da qual nos encontramos, não se trata de fazer de um princípio um *standard* ou um imperativo superegoico a seguir. Sabemos em quais circunstâncias inusitadas a prática de Freud e de seus discípulos se desenvolveu, apesar de todos os percalços pelos quais passou a humanidade no século XX, no entorno de Freud, e depois de Lacan. Saberemos, portanto, extrair da contingência que atravessamos um caminho para a psicanálise continuar orientando a prática clínica que faz de cada caso, como queria Freud, o primeiro.

REFERÊNCIAS BIBLIOGRÁFICAS

FREUD, S. Um caso de paranoia que contraria a teoria psicanalítica da doença. In: *Edição* Standard *das Obras Psicológicas Completas de Sigmund Freud.* Vol. XIV. Rio de Janeiro: Imago, 1969. (Texto original publicado em 1915).

FREUD, S. Conferências introdutórias sobre psicanálise (O sentido do sintoma). In: *Edição Standard das Obras Completas de Sigmund Freud.* Rio de Janeiro: Imago, Vol. XVI, 1976. (Trabalho originalmente publicado em 1916-17)

LACAN, J. *Seminário 24*: Línsu que sait de l'une bévue s'aile à mourre. Lição de 19 de abril de 1977. 1976-1977. (Inédito)

LACAN, J. *O Seminário, livro 11*: Os quatro conceitos fundamentais da psicanálise. Rio de Janeiro: Jorge Zahar, 1985. (Trabalho originalmente publicado em 1964)

LACAN, J. *Da psicose paranoica em suas relações com a personalidade*. Rio de Janeiro: Forense Universitária, 1987. (Trabalho originalmente publicado em 1932).

LACAN, J. Posição do inconsciente. In: LACAN, J. *Escritos*. Rio de Janeiro: Jorge Zahar Editor, 1998. (Texto original publicado em 1964)

LACAN, J. Autocomentario. *Uno por uno*, n. 43. Buenos Aires, Paidós, 1996.

LACAN, J. Introdução à edição alemã de um primeiro volume dos Escritos. In: *Outros escritos*. Rio de Janeiro: Zahar, 2003. (Texto original publicado em 1973).

MILLER, J.-A. El ruiseñor de Lacan. *Del Edipo a la sexuación*. Buenos Aires: ICBA, 2001.

MILLER, J.-A. *A psicose ordinária*. Belo Horizonte, Scriptum, 2012.

OS TIPOS CLÍNICOS: NATURAIS, SINDRÔMICOS E IDEAIS

Maurício Viotti Daker

INTRODUÇÃO

Partimos da abordagem dos tipos clínicos naturais (*natural kinds*) enquanto doenças específicas, conforme classificação elaborada pioneiramente por Kahlbaum. Em seguida, abordamos a "roupagem" dessas doenças, conforme esse mesmo autor, ou seja, os complexos de sintomas ou tipos clínicos sindrômicos. A partir destes, desembocamos no tipo ideal de Jaspers, de influência sociológica e filosófica. Adentramos, com isso, em impasses epistemológicos da Psiquiatria e vislumbramos a necessidade de uma epistemologia regional. Retomamos a abordagem dos complexos de sintomas do início do século passado, que enriquece a concepção dos tipos clínicos e se mostra bastante flexível e aberta a avanços metodológicos ou epistemológicos em Psiquiatria. Conclui-se pela necessidade do estudo das partes, no sentido de doenças específicas, e de investigações abrangentes de amplos horizontes, ambas nos orientando complementarmente, como paralelas em perspectiva ao ponto futuro de encontro. Restará claro que, ao falarmos de tipos clínicos em Psiquiatria, estaremos inevitavelmente falando da pessoa, da personalidade humana.

TIPOS NATURAIS – A EXEMPLO, AS ESPÉCIES DE DOENÇAS DESCRITAS POR KAHLBAUM

Historicamente importante é a diferenciação observada por Kahlbaum (1863), mediante seu estudo das diversas classificações até então existentes, entre sintomas, complexos de sintomas e doenças. Aqueles são apenas roupagens das doenças, assim como o são febre, hidropisia, dores abdominais, cefaleia etc. Ou seja, classificar ou denominar sintomas ou complexos de sintomas como doenças incorre no erro de confundir manifestação sintomatológica geral com doença específica. A evolução da medicina estava demonstrando esse erro com a descoberta de doenças com causas ou achados anátomo-fisiopatológicos próprios. De modo que Kahlbaum considerou os quadros milenares melancolia e mania, além de um quadro característico de enfraquecimento mental e o de demência, como complexos sintomatológicos presentes na grande maioria das classificações que investigou. Em que pesem as possíveis opiniões a respeito desses quadros por parte de cada autor, o fato é que, segundo Kahlbaum, não se trata de doenças propriamente.

Para além das descrições sintomatológicas, Kahlbaum passou a realçar o curso natural e o desfecho das doenças. Falava também do predomínio de classificações "racionalistas" ou de cunho teórico, mesmo entre os autores de tendência empírica, e que seria necessário exaustivo trabalho prévio de modo a acumular dados empíricos mais restritos, antes de se pensar em visões gerais sobre a essência da doença mental. Esse trabalho clínico-descritivo minucioso, em conjunto com a evolução da doença, é o que se costuma designar em Psiquiatria por método clínico ou psiquiatria clínica, valorizado e, por que não, inaugurado de forma mais explícita e completa por esse autor. Esse método viria a ser adotado pelo grande sistematizador da classificação psiquiátrica, Emil Kraepelin.

A fim de evitar colocar novos vinhos em velhos rótulos, Kahlbaum criou nomes diferentes para cada doença que descrevia. Sua diferenciada e insossa nomenclatura, no entanto, foi um dos motivos pelo qual seu livro em questão, de 1863, passou praticamente despercebido quando de sua edição. Outro motivo foi o entusiasmo da época pela neuropatologia e a neurofisiologia. Outro ainda, a ausência de casos clínicos que pudessem despertar mais imediatamente o interesse médico, tal como viria a ocorrer com a descrição da hebefrenia por Hecker e da catatonia pelo próprio Kahlbaum, em obras repletas de casos clínicos.

Abordemos, portanto, as doenças mentais descritas por Kahlbaum, que procurava descrever tipos naturais ou *natural kinds*, no modelo médico estrito de doenças específicas.

Vesania

Conforme observações suas e de muitos autores da época, como Guislain, Griesinger, Neumann e outros, descreveu a **Vesania typica**, quadro que evolui de estados afetivos, geralmente com início melancólico, para um enfraquecimento mental e até a estado demencial (Daker, 2018a, 2018b). Ou seja, quadro com acometimento geral da mente envolvendo todas aquelas quatro manifestações sintomatológicas ou complexos de sintomas básicos, observados nas diversas classificações: melancolia, mania, enfraquecimento psíquico e demência. Havia subformas da **Vesania typica**, agora com a designação complementar de **completa** para diferenciá-la das seguintes: **praeceps**, de início com mania, e **simplex,** sem o estágio da mania. Acrescenta a **varietas recurrens,** com intervalos assintomáticos iniciais prolongados entre melancolia e mania (lembrando a *folie à double forme* de Baillager), a **varietas distracta**, com intervalos assintomáticos bem mais curtos inicialmente e evolução contínua gradual, e a **varietas circularis,** quadros com evolução cíclica entre melancolia e mania (denominada, portanto, de *folie circulaire* por Falret).

A paralisia geral progressiva também evolui através de todas as formas básicas, ou seja, é completa como a Vesania typica, geralmente sobressaindo na fase afetiva o delírio de grandeza maníaco. No entanto, o que a diferencia enquanto doença específica são os acometimentos motores característicos e o desfecho para o óbito, além dos achados anatomopatológicos que Bayle identificara (aracnoidite) (BROWN, 1994). Chamou-a de **Vesania progressiva**, também com suas subformas.

Vecordia

Denominou de **Vecordia** os quadros que acometeriam mais fixamente certa função mental, ou seja, que não ciclam nem evoluem em etapas. Guardam certa semelhança com as monomanias de Esquirol, termo que Kahlbaum criticava por nem sempre tratar-se de "mono" nem de "mania". Continha as subformas **Dystimia**, **Paranoia** e **Diastrephia**, conforme o acometimento dos sentimentos ou afeto, da inteligência ou pensamento e da vontade ou ação, respectivamente. Essas funções básicas reconhecidas desde a antiguidade seriam, conforme Kahlbaum, orientações ou direções dinâmicas da mente, de modo que deveríamos também procurar adquirir, na investigação da vida psíquica anormal, informações sobre a mente normal.

A Dystimia se subdivide em **meläna** e **elata**. A meläna em **simplex** e **agitans**; a elata em **activa** e **felix** (**hilaris**). O psiquiatra de hoje não terá dificuldade para encontrar esses quadros na clínica, lembrando que "distimia" se refere aqui, conforme sua correta etimologia, a alteração afetiva tanto depressiva quanto de expansão do humor.

A Paranoia é também subdividida de forma detalhada, ainda que com pontos de vista psicológicos que tornariam essas subdivisões questionáveis enquanto formas próprias ou específicas de doença, reconhece Kahlbaum. São a **ascensa**, a **descensa** e a **immota**. As duas primeiras correspondem, respectivamente, a elevação presunçosa e a certa redução da consciência do eu, tais não ocorrendo na immota. As descrições de Kahlbaum desses subtipos da Paranoia nos servem de exemplo de sua rica descrição das doenças mentais e de quão característicos são tais quadros na clínica. A ascensa é subdividida conforme a alteração da elevação do eu. Por um lado, há a necessidade de reconhecimento pelos demais da própria elevação, de modo que não apenas ocorrem conflitos, mas também "afetação" ou desarmonia afetivo-emocional: a **Ascensa affecta**. Por outro lado, há impulso para expor ou comunicar as bem-dotadas capacidades, como no caso do quadro de um sucessor de Cristo: a **Ascensa operans**. A descensa se subdivide em **somatica** e **demönica**. No primeiro caso, o distúrbio intelectual se relaciona principalmente com o corpo, como ao se convencer de ter se transformado em cadáver. No segundo caso, ocorre mudança para forma inumana, como no demônio ou em animal (a licantropia). Já na **Immota phatica** (ou **aflicta**), por meio de fixas hiperestesias e alucinações o paciente se torna joguete de poderes enigmáticos ou de suas próprias autoacusações, ou então a própria afetação é projetada para fora de tal maneira que leva à percepção de ofensas externas e o paciente se torna acusador e perseguidor de seu entorno. Na **Immota vaga** não haveria tal característica fixidez, ou seja, seria quadro mais flutuante.

Por fim, ainda no tocante à Vecordia, há a Diastrephia, termo empregado pelo belga Parigot em relação à perversidade e de tradicional interesse forense (Gonçalves, 2012), envolvendo a mania sem delírio de Pinel, as monomanias instintivas e *raisonnantes* de Esquirol, a insanidade moral de Prichard, bem como a cleptomania e a piromania. Em suma, trata-se de distúrbio da ação e movimento para os quais não há evidência de acometimento da inteligência ou do afeto. Kahlbaum considera muito precipitada uma subdivisão da Diastrephia.

Descreve, ainda, grupo de transtornos que não evoluem para o enfraquecimento mental crônico ou para a demência, como a Vesania, comportando-se nesse aspecto como os quadros acima, ou seja, são transtornos parciais. Porém, não há delimitação clara entre as esferas mentais do sentimento/afeto, do pensamento e da vontade/ação, sendo ainda acompanhados, frequentemente, por excitação sexual física ou mental. Denominou-os de **Vecordia insania**. Como muitos desses casos assumem caráter religioso, subdividiu-a em **Insania religiosa** e, quando há mudança de caráter, **Insania ética**. Esta se difere da Diastrephia por envolver também o afeto e a inteligência; igualmente há relações com a mania sem delírio e com quadros semelhantes descritos por outros autores.

Kahlbaum admite que a Vecordia pode ser secundária a uma Vesania que não evolui completamente, ou secundária a algum acometimento de origem reconhecidamente somática (**Dysphrenia**, ver em seguida). Sugere as denominações *Decursus vecordiae secundarius* e *Decursus metaschematicus* para os casos acima. Para as Vecordias puras, aplica-se o *Decursus simplex*.

Dysphrenia

A Vesania (inclusive a progressiva) e a Vecordia eram consideradas idiopáticas. Já quadros delirantes acompanhados de febre elevada eram conhecidos desde a antiguidade, as frenites. A tais quadros provenientes de acometimentos evidentes do corpo Kahlbaum denominou **Dysphrenia**. São globais quanto ao acometimento das diversas funções mentais, cujos distúrbios costumam se apresentar de forma mista (em vez de por etapas, como na Vesania, mesmo porque geralmente agudos). Corresponde aos atuais transtornos mentais de condição médica geral, dentre eles o *delirium*. Ao atual *delirium* hipoativo corresponderia quadro com parcela maior da melancolia, a **Dysphrenia depressa**. O *delirium* hiperativo equivaleria a quadro com predominância da mania, a **Dysphrenia excitata**. De acordo com a etiologia, subdivide-se em **Dysphrenia nervosa** (doença no sistema nervoso, também inclui a **D. nervosa epileptica**),

Dysphrenia chymosa (doença dos órgãos vegetativos, tendo o sangue ou os fluidos corpóreos como intermediários, inclui a intoxicação por álcool e o *delirium tremens*) e **Dysphrenia sexualis** (processo nos órgãos sexuais com intermediação quer do sistema nervoso ou dos fluidos corpóreos; guarda relação com a histeria e acometeria especialmente as mulheres).

Há várias possíveis evoluções, como a D. continua, recurrens, menotypica (duração de aproximadamente um mês), etotypica (sazonal), acuta e outras; é mencionada possibilidade de piora em certos períodos do dia. Algumas dessas evoluções e variação diurna se aplicavam também a outros transtornos além da Dysphrenia.

Quanto à D. acuta, observa Kahlbaum que pode ocorrer também sem o fundamento de uma doença física e que, nesse caso, prefere denominá-la de **Vesania acuta (Phrenitis)**, ao lado da Vesania typica e da Vesania progressiva, consideradas idiopáticas. Pode ser primária, ou, caso sobreposta a outra doença mental, secundária. Embora Kahlbaum diga que não há manifestações vitais nem anatomopatológicas na Vesania acuta (Phrenitis), admite a presença de febre. Aparentemente, esses quadros afebris e febris que podem se assemelhar em suas manifestações sintomatológicas estão hoje diferenciados em psicose funcional aguda (idiopática) e *delirium*.

Neophrenia e Paraphrenia

Aos casos com acometimento adquirido na gestação, no parto ou nos primeiros anos de vida, Kahlbaum denomina **Neophrenia**, subdividindo-a em **N. innata** (inclui Innata endêmica ou cretinica, além da I. simplex), **N. morbosa** (em consequência de doença física comprovada; inclui M. epiléptica, além da M. simplex) e **N. carens** (em consequência de surdez ou cegueira).

Já a **Paraphrenia** diz respeito a acometimento associado a determinado período biológico evolutivo de transição, como a puberdade e a senescência. À diferença da Neophrenia, há período de normalidade psíquica precedente. O acometimento na puberdade é denominado **Paraphrenia pubertatis** ou **adolecens** ou **hebetica**, também denominado **Hebephrenia**. Já no caso da senescência, é a **Paraphrenia senilis**. Havia também uma **Paraphrenia hypnetica** para transtornos durante o sono, como o sonambulismo. A ligação a períodos biológicos desses transtornos, assim como para certos casos da Neophrenia, fez com que não os qualificasse como idiopáticos.

A Hebephrenia se caracteriza pela rápida evolução a estado deficitário. Porém, observaram-se casos com relativa recuperação, aos quais Kahlbaum (1890) designará **Heboidophrenie** ou **Heboid**. Assim como a Diastrephia e a Insania ethica, a Heboidophrenie despertava grande discussão forense. Enquanto na Diastrephia o acometimento se dava na esfera da vontade e na Insania ethica o acometimento era parcial em funções associadas, o acometimento na Heboidophrenie era considerado mais global (nem tanto parcial), consoante sua proximidade à Hebephrenia.

Katatonia

É célebre sua descrição da catatonia, em obra com inúmeros casos clínicos editada em 1874, a **Spannungs-Irresein** (insanidade de tensão, espasmo) ou **Vesania katatonica (Katatonia)** (Kahlbaum, 1874). Seria doença cerebral com evolução cíclica entre as etapas, como nas Vesanias, e com o peculiar acometimento motor. Observam-se nesses casos a *Flexibilitas cerea*, a mussitação, a verbigeração, o negativismo, a catalepsia etc. Havia certa ligação da catatonia com quadros descritos por outros autores, como a melancolia atônita ou com estupor, a demência estuporosa e quadros entre melancolia e enfraquecimento mental.

Cyclothymie

Retomando as descrições acima de variedades da Vesania, como a recurrens e a cirucularis, Kahlbaum (1882) reconhecerá mais tarde quadros cíclicos de melancolia e mania mais brandos sem acometimento significativo do pensamento, que não evoluem para o enfraquecimento psíquico ou para a demência, denominando-os de **Cyclothymie**.

Como é de conhecimento mais geral, Kraepelin, na sistematização ao longo das várias edições de seus tratados, de 1883 a 1915, concentrou muitos dos tipos clínicos acima nos dois grandes círculos endógenos, a demência precoce ou esquizofrenia e a psicose maníaco-depressiva ou transtornos de humor (ambos constituem, até nossos dias, os pilares da classificação psiquiátrica). Nesse sentido, pode-se dizer que, em relação a Kahlbaum, Kraepelin foi relativamente mais *lumper* (agregador) do que *splitter* (divisor).

TIPOS SINDRÔMICOS – OS COMPLEXOS DE SINTOMAS DE KAHLBAUM

Pouco se sabe que Kahlbaum (1863) investigou os complexos de sintomas enquanto tais, na condição de roupagens, trajes, hábitos ou aparências das doenças mentais. Distribuiu os sintomas ou elementos conforme os processos fisiológicos centrípetos (sensibilidade, afeto), centrais (inteligência ou pensamento) e centrífugos (conação, psicomotricidade), e em vários graus de intensidade cada, identificando ainda os núcleos de cada complexo de sintomas básico (Figura 1). Cada um desses complexos básicos também foi subdividido conforme suas variadas manifestações clínicas (Figura 2).

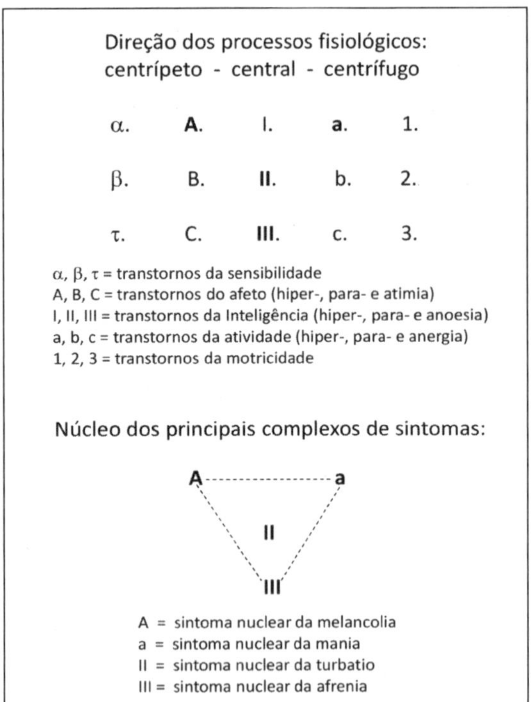

Figura 1 - Quadro esquemático de Kahlbaum (1863, p. 157) dos sintomas elementares, inclusive os **sintomas nucleares** dos principais complexos de sintomas

Quadro esquemático das formas habituais
em suas distinções preferencialmente graduais:

I. Melancholia.
1. simplex,
2. lenis,
3. gravis,

II. Mania.
1. singularis,
2. minor,
3. major,

IV. 4. Turb. Uniformis.

IV. Turbatio.
1. vaga.

IV. 2. Turb. desipiens. IV. 3. Turb. attonita.

III. Aphrenia.
1. partialis.
2. media.
3. totalis.

Figura 2 - Quadro de Kahlbaum (1863, p. 162) das formas habituais ou complexos de sintomas

Tal abordagem sindrômica dos transtornos mentais se mostra em evidência, ao longo da história da Psiquiatria, sempre que a validade das entidades de doenças mentais é colocada em questão. Idealmente, as doenças teriam causa, achado anatomopatológico e manifestação clínica correspondentes, conforme sustentava Kraepelin. Porém, como se sabe, não se conhece a causa da maioria dos transtornos mentais nem marcadores biológicos específicos. No início do século XX se dizia que a esquizofrenia era o túmulo da neuropatologia. Havia grande frustração por não se elucidar as causas ou os achados anatomopatológicos da esquizofrenia, nem da psicose maníaco-depressiva. O próprio Kraepelin (1920, 1992), mais no fim de sua vida, em 1920, voltou-se para a abordagem mais sindrômica e inespecífica das manifestações mentais e propôs sequência de complexos de sintomas oriundos da filogênese (nota-se influência de Hughlings Jackson), ou seja, profundamente enraizados na constituição humana, e com alguma semelhança à disposição dos transtornos descrita por Guislain, a quem Kraepelin cita (Daker, 2018a, 2019a).

O início do século passado, até a segunda guerra, foi muito fecundo no tocante à investigação de complexos de sintomas enquanto tais, ou seja, independentemente de possível doença ou processo mórbido subjacente, como também o fizera Kahlbaum. Propiciou-se abordagem abrangente dos transtornos mentais, de fatores biológicos, psicossociais e existenciais, considerando-se a personalidade de cada paciente. Assim, surgiu o diagnóstico multidimensional de Kretschmer, que valorizava os fatores orgânicos, endógenos e da personalidade, tendo-se em conta que o tipo de personalidade é que definiria o tipo de psicose (ver adiante).

Nesse referido período, portanto, a investigação dos tipos clínicos, das síndromes ou complexos de sintomas já não se limitavam necessariamente ao âmbito de doenças no sentido estrito, mas a manifestações psicopatológicas relacionadas à constituição humana (Daker, 2019a). A Psiquiatria (incluindo seu substrato biológico), a antropologia, a filosofia/fenomenologia-existencialismo e a psicodinâmica andavam, em boa medida, de mãos juntas. Claro, para aqueles casos ditos exógenos, de fundamentos anátomo-fisiopatológicos comprovados, o aspecto mórbido em sentido mais estrito se acentuava. Jaspers dizia que para esses era possível falar de espécies de doenças, ainda que as manifestações clínicas fossem inespecíficas (a "roupagem" ou formas habituais de Kahlbaum). Para as manifestações funcionais ou endógenas, no entanto, só se poderia falar de tipos ideais.

OS TIPOS IDEAIS – CONSTITUINTES SÓCIO-FILOSÓFICOS JASPERIANOS

Jaspers frequentava aos domingos reuniões de intelectuais na residência de Max Weber em Heidelberg. Enquanto psiquiatra e filósofo, coube-lhe abordagem abrangente da Psiquiatria, contemplando tanto aspectos científicos naturais quanto os científicos da mente, ou seja, as ciências naturais e as humanas.

Para o sociólogo Max Weber (1904), tipo ideal seria um esquema conceitual que compõe o quadro normativo das ações e comportamentos de membros uma sociedade. Por "normativo", entendem-se regras elaboradas pelo homem e não provenientes de leis da natureza. Ou seja, trata-se de modelo normativo ou de valores e não de modelo causal mais estrito como o utilizado nas ciências naturais.

Para Max Weber, o tipo ideal

> É uma imagem mental que não é a realidade histórica ou mesmo a "verdadeira" realidade, menos ainda um esquema que devesse

> servir como exemplar para ordenar/classificar a realidade, mas que tem o significado de um conceito-limite puramente ideal, pelo qual a realidade é medida a fim de esclarecer certos componentes significativos do seu conteúdo empírico, com o qual ela é comparada. Tais conceitos são criações em que construímos relações usando a categoria de possibilidade objetiva, que julga como adequada nossa imaginação orientada e treinada para a realidade. (Weber, 1904, p. 68)

Em termos kantianos, isso se traduz na concepção de que a sensibilidade tem acesso aos dados empíricos, que são conceitualizados por meio de categorias do entendimento constituintes do conhecimento objetivo e cujos conceitos, por fim, são acessíveis a ideias reguladoras da razão, que contribuem na busca do conhecimento. As idéias da razão nos fornecem a unidade da experiência e nos apontam para uma totalidade. Tais ideias reguladoras correspondem aos tipos ideais de Weber. Em outras palavras, as ideias da razão, bem como os tipos ideais, retornam à experiência como modelos heurísticos direcionando a busca do conhecimento (Walker, 2014).

Tomando-se outras referências filosóficas, há certa correspondência com a hermenêutica, mediante a qual são interpretadas nossas captações intersubjetivas. E com a dialética, que exerceria papel imaginativo na criação de possibilidades de valor heurístico (Dörr-Zegers, 2020).

Karl Jaspers, influenciado por Kant e se referindo explicitamente a Max Weber, preferia falar de tipologia diferencial em vez de diagnóstico diferencial, no que se refere aos transtornos mentais endógenos, funcionais ou primários (nisso, seguiu-o Kurt Schneider). Comparando espécies de doenças (referindo-se aos transtornos exógenos), com tipos de doenças, definia: "Por meio de espécies são reconhecidos limites reais, por meio de tipos é apenas uma estrutura dada a uma fluida variabilidade, que a torna acessível ao intelecto" (Jaspers, 1946, p. 469). Em outras palavras, doenças de causa conhecida podem ser distinguidas em espécies com limites nítidos, enquanto os demais transtornos mentais são objeto de ideias e os apreendemos em tipos ideais.

Tipos ideais formam uma ordem conceitual, uma noção inicial subjetiva de realidade que não podemos apreender inteiramente, permitindo-nos acesso a ela e possibilitando sua investigação. Portanto, quando desconhecemos as causas de uma desordem psíquica, quando não apreendemos inteiramente a realidade que representa, podemos nos utilizar de tipos ideais para abordá-la. Os tipos ideais focam a realidade de acordo com certos pontos de vista que são determinados por nossos valores, sendo que as características especificadas conforme um tipo ideal, por um lado, não estão todas necessariamente presentes nos casos individuais e, por outro, ao caso individual podem se aplicar vários tipos ideais (pensar, por exemplo, nos transtornos de personalidade). Trata-se de se estabelecer de quão próximo ou distante desse construto ideal se encontra um caso clínico (Jaspers, 1946; Schwarts; Wiggins, 1987).

Os tipos ideais formam um todo significante. Não são simplesmente construídos com base na frequência em que propriedades ou sintomas se associam, ou seja, não se trata de uma média estatística das características encontradas ou de tipo-médio, assim como não são próprios para classificações empíricas (Jaspers, 1946). Não são os objetos propriamente e a confusão de tipos ideais com objetos reais recai em dogmatismo ou em reificação cerceadora da dinâmica do conhecimento.

Pode-se admitir que parte dos diagnósticos do Manual Diagnóstico e Estatístico dos Transtornos Mentais (DSM) condizem, ao menos em parte, com tipos ideais conforme adotados na psicopatologia clássica, e podem ser usados nesse sentido. Mas muitos de seus somatórios de critérios se referem mais propriamente a uma classificação prototípica estatística, ou se pretende que assim sejam.

Em tese, a utilização de tipos ideais no auxílio do conhecimento poderia desembocar na descoberta de espécies de doenças em sentido médico estrito. Contudo, se essa premissa nosológica um dia se concretizará é questão controversa. Trata-se tal premissa – a procura por unidades ou espécies de doenças –, segundo Jaspers (1946), de frutífero ponto de orientação para a Psiquiatria (nisso discorda de Hoche, que afirmara tratar-se simplesmente de desesperançada e desgastante caça a fantasmas), ainda que no sentido de uma ideia kantiana cuja meta se encontra em infinito distante inatingível.

Talvez nova metodologia ou episteme venha a ser necessária para dar luz a tais questões na abordagem dos transtornos mentais. Marková e Berrios (2012), por exemplo, sustentam abordagem híbrida que contemple as ciências naturais e humanas, uma epistemologia regional própria à

Psiquiatria e capaz de integrar dinamicamente diferentes métodos. Na definição do tipo clínico entram em cena, além da repercussão biológica com experiência primitiva pré-conceitual, componente semântico de interpretação ou configuração da experiência. Os componentes biológicos e semânticos são, portanto, inter-relacionados e possuem pesos e estabilidade variados em cada caso (e em cada época). Dentre os componentes semânticos, temos: fundo cultural ou social (*Weltanschauung*, ou "visão de mundo"), contexto político, personalidade e inclinações pessoais, educação, experiências passadas, contexto dos eventos, clínico interlocutor etc.

RETOMANDO OS COMPLEXOS DE SINTOMAS

Com a frustração por não se conseguir definir a esquizofrenia e a psicose maníaco-depressiva enquanto doenças em sentido estrito, em outras palavras, por não se encontrar marcadores biológicos que lhes conferissem especificidade, voltou-se ao estudo dos complexos de sintomas de forma mais neutra em relação a possíveis doenças subjacentes, conforme mencionado atrás. Assim também procedera Kahlbaum, além de ter descrito transtornos enquanto doenças mentais.

Hoche, Bonhoeffer, Birnbaum, os próprios Kraepelin e Jaspers, também Kehrer, Carl Schneider, em parte Kretshmer, Bleuler, Meyer e muitos outros envolveram-se nessa investigação dos complexos de sintomas. Se pretendermos sintetizar em poucas palavras esse *Zeitgeist* da Psiquiatria, diríamos que, em vez de se investigar a doença ou seu agente etiológico específico, passou-se a investigar algo no indivíduo, em sua personalidade e mesmo no psiquismo normal, que levaria a tais manifestações de associações de sintomas. Tratar-se-ia de patogenia especial da Psiquiatria. Para Hoche, os complexos de sintomas se encontrariam pré-formados no indivíduo, no psiquismo normal, e seriam formas de reação a acometimentos orgânicos ou psicogênicos, ou mesmo poderiam manifestar-se por si próprios mediante predisposição constitucional, resultando nos tipos clínicos observados (Daker, 2018a, 2018b, 2019a). Kraepelin (1920, 1992) chegou a conceder a possibilidade de que as formas afetivas e esquizofrênicas de manifestação de insanidade não representassem em si mesmas a expressão de determinados processos de doença, mas que mostrassem apenas as áreas de nossa personalidade em que ocorrem (Daker, 2019a).

Falar de unidades, espécies ou entidades de doenças, em si isoladas, e falar de áreas de nossa personalidade implicam concepções paradigmaticamente diversas. Kraepelin prenunciava a Psiquiatria que então predominaria, a de Kretschmer. Esse autor estudou profundamente a personalidade, a ponto de traçar relações constitucionais com os tipos físicos. O longilíneo ou leptossômico (tipo Dom Quixote) teria a tendência à personalidade esquizotípica, já o brevilíneo ou pícnico (Sancho Pança), à ciclotímica. Em graus mais acentuados, já enquanto transtornos de personalidade, seriam esquizoides ou cicloides. Tais personalidades, ante qualquer fator causal ou condição endógeno-constitucional inerente, é que determinariam se alguém manifestaria, respectivamente, esquizofrenia ou psicose maníaco-depressiva. Por esse trabalho, Kretschmer chegou a ter seu nome indicado, em 1929, ao Prêmio Nobel (Daker, 2018a, 2018b).

As concepções fenomenológicas de então também muito valorizavam a personalidade. Minkowski dizia que ao nos depararmos com as manifestações psíquicas tendemos a concebê-las como uma unidade, que as síndromes mentais não seriam concebíveis como simples somatórios de sintomas, mas como a expressão de uma modificação profunda e característica da totalidade da pessoa humana. Para nós, há sempre a totalidade da personalidade viva, dizia ele (Daker, 2019a). Ey viria a considerar esse aspecto da totalidade na Psiquiatria – no sentido de uma patologia da consciência ou uma patologia da personalidade, que implica a organização geral do ser-no-mundo – para sua diferenciação da neurologia, que seria o instrumento com seu teclado de funções locais básicas isoladas (lembra-nos da comparação entre melodia e notas musicais) (Daker, 2019a). Percebe-se certa aproximação, quanto a essa abordagem do todo, com as ideias reguladoras de Kant e os tipos ideais de Weber.

Carl Schneider (1942) enfatizou a investigação de complexos de sintomas na Psiquiatria, investigou empiricamente complexos na esquizofrenia e dizia, note-se bem, que corresponderiam diretamente a complexos de funções mentais normais. Isso somente seria concebível mediante visão dinâmica desses complexos, contrariamente à visão estática ou analítico-discriminativa de partes isoladas, direcionada a unidades específicas de doenças. Essa dinamicidade nos remete à continuidade dos complexos sintomáticos na psicose unitária (Daker, 2019a, 2021). Jaspers (1946) dedica boas páginas em sua Psicopatologia Geral a esse trabalho de Carl Schneider.

Curiosamente, uma das críticas de Jaspers à investigação de Carl Schneider da esquizofrenia é a de que ele teria aprofundado mais o insight na estrutura da mente normal do que na esquizofrenia propriamente. Lembra-nos aqui mensagem, acima mencionada, de Kahlbaum, quanto a procurar adquirir conhecimentos sobre a mente normal por meio da investigação em psicopatologia. E lembra-nos Hoche, Kraepelin e outros, quanto a "áreas de nossa personalidade". Tem-se aqui a personalidade com inerentes componentes biológicos e semântico-psicossociais, sendo que nessa ponte físico-psíquica se encontram as associações ou complexos de funções e de sintomas. Não isoladamente nem simplesmente somados em mosaico, mas integrados dinamicamente em processo contínuo unitário (Daker, 2019b, 2021). Equivale dizer, nas palavras de Kahlbaum (1863, p. 52):

> (...) essas formas podem não apenas ocorrer, por assim dizer, substancialmente coesas em seus estados isolados, mas que, ao longo do tempo, também nos casos reais individuais, estão entrelaçadas em certa relação umas com as outras, ou seja, que as formas mudam entre si mais ou menos subitamente ou por transições graduais.

Encerrada a Segunda Guerra, importantes nomes da Psiquiatria se viram atrelados à ideologia nazifascista e às atrocidades cometidas com a população de doentes mentais. Convinha reprimir os componentes biológicos dos transtornos mentais e a Psiquiatria guinou para as ricas concepções de fundamentos psicodinâmico e fenomenológico-existencial. Com o surgimento dos psicofármacos, porém, houve tendência a reequilíbrio entre os aspectos biológicos e os psicossociais-existenciais, ainda que de forma dicotômica (para não dizer digladiadora). Surgiu novamente a necessidade de classificações e diagnósticos mais precisos: o neokraepelianismo. Um "neo" referente ao antigo Kraepelin, aquele de contornos positivistas que acreditava em entidades ou espécies rígidas de doenças. Agora, sob a égide do operacionalismo de influência Bridgman-Hempeliana, de teor neopositivista, em que supostos conceitos operacionais puramente empíricos serviriam de base para o encontro de futuras entidades de doenças mentais que os explicassem (a grande premissa nosológica), incorrendo ainda no efeito colateral da hiperinflação diagnóstica (Fulford; Thornton; Graham, 2006; Cordero, 2017; POUNCEY, 2020). Tal guinada objetivista na Psiquiatria fizera com que o existencialista Roland Kuhn (1996), que descobriu a imipramina, enxergasse densas nuvens de um vindouro desastre. De fato, hoje mais se decora critérios e se aplicam escalas do que se compreendem pessoas.

CONCLUSÃO

Percorremos boas passagens da Psiquiatria nesse apanhado dos tipos clínicos. Ao lidarmos com tema central da especialidade, fatalmente revisitamos alguns de seus principais fundamentos. Situamo-nos ora na investigação analítico-discriminativa em busca de partes delimitadas, ora procuramos panorama mais dinâmico-integrativo e abrangente, ambos nos orientando em complementariedade. As partes tenderiam ao anseio do marcador biológico, conforme o modelo médico inerente à Psiquiatria, também a possível psicogênese específica em determinados casos, o que igualmente é inerente à Psiquiatria. A abrangência descerra horizontes de alcances muito amplos e indeterminados, com áreas que se iluminam.

Mas como se integra tudo isso? Uma epistemologia regional da Psiquiatria se faria necessária para a abordagem dos transtornos mentais. Termos suscitado tal necessidade, ou tal incômodo, seria, além do pretendido levantamento histórico-conceitual, um bom resultado deste trabalho. Talvez puséssemos dizer que às partes corresponderia o anseio aos tipos naturais, já a abrangência rumaria aos tipos ideais. Entre eles se encontrariam os tipos sindrômicos, complexos de sintomas dinamicamente relacionados a primordiais funcionalidades mentais: o ponto de encontro da psicopatologia?

Há profundas e indissolúveis relações entre os tipos clínicos ou as manifestações psicopatológicas e a mente como um todo, intrínsecas a ela nossas condições existenciais, nossa história geral e pessoal, enfim, a personalidade de cada um. Muito ainda há que se investigar para maior clareza de como as peças se encaixam nesse processo.

REFERÊNCIAS BIBLIOGRÁFICAS

BROWN, E. M. French psychiatry's initial reception of Bayle's discovery of general paresis of the insane. *Bulletin of the History of Medicine*, v. 68, p. 235-253, 1994.

CORDERO, M. P. C. La propuesta operacionalista de Carl Hempel en los albores del DSM. *Avances en Psicología Latinoamericana*, v. 35, n. 3, p. 571-581, 2017.

DAKER, M. V. Era uma vez... Um breve apanhado histórico da psiquiatria e seus conceitos gerais. In: CAMPOS, S. (Org.). *A formação do psiquiatra*: 50 anos de ensino e transmissão em psiquiatria e suas conexões. Residência de Psiquiatria do Instituto Raul Soares – FHEMIG. Belo Horizonte: Topológica, 2018a.

DAKER, M. V. Seeing Beyond Diseases and Disorders: Symptom Complexes as Manifestations of Mental Constituents. *Frontiers in Psychiatry*. 2018b.

DAKER, M. V. The theory of symptom complexes, mind and madness. *Hist Psychiatry*, v. 30, n. 2, p. 227-239, 2019a.

DAKER, M. V. Dimensional approach in psychiatry and process philosophy: preliminary notes. *Psicopatologia Fenomenológica Contemporânea*. v. 8, n. 2, p. 23-34, 2019b.

DAKER, M. V. *The Continuum of Mental Disorders and Unitary Psychosis: History and Perspectives*. Newcastle upon Tyne: Cambridge Scholars Publishing, 2021.

DÖRR-ZEGERS, O. Hermenéutica, dialéctica y psiquiatría. Disponível em: <https://www.academia.edu/34648098/Hermenéutica_dialéctica_e_psiquiatra?auto=download>. Acesso em: 03 mai. 2020.

FULFORD, K. W. M.; THORNTON, T.; GRAHAM, G. *Oxford Textbook of Philosophy and Psychiatry*. Oxford, Nova York: Oxford University Press, 2006.

GONÇALVES, M. S. A loucura na fronteira entre a medicina e o direito: a elite médica em busca da legitimação socioprofissional nas páginas do Annaes Brasilienses de Medicina (1860-1880). *Rev Latinoam Psicopa Fund*, v. 15, n. 3, p. 575-589, 2012.

JASPERS, K. *Allgemeine Psychopathologie*, 4. ed. Berlin, Heidelberg: Springer-Verlag, 1946.

KAHLBAUM, K. *Die Gruppirung der psychischen Krankheiten und die Eintheilung der Seelenstörungen*. Danzig: Kafermann, 1863.

KAHLBAUM, K. L. *Die Katatonie oder das Spannungsirresein, eine klinische Form psychischer Krankheit*. Berlin: Hirschwald, 1874.

KAHLBAUM, K. L. Ueber cyklisches Irresein. *Der Irrenfreund*, v. 24, p. 145-157, 1882.

KAHLBAUM, K. L. Ueber Heboidophrenie. *Allg Z Psychiat*, v. 46, p. 460-472, 1890.

KRAEPELIN, E. Die Erscheinungsformen des Irreseins. *Z ges Neurol Psychiat*, v. 62, p. 1-29, 1920.

KRAEPELIN, E. Die Erscheinungsformen des Irreseins (The manifestations of insanity). *Hist Psychiatry*, v. 3, p. 509-529, 1992.

KUHN, R. The discovery of the tricyclic antidepressants and the history of their use in the early years. In: BAN, T. A.; RAY, O. S. (Eds.) *A History of the CINP*. Brentwood: JM Productions, 1996.

MARKOVÁ, I.; BERRIOS, G. Epistemology of psychiatry. *Psychopathology*, v. 45, p. 220-227, 2012.

POUNCEY, C. Where is psychiatry's psychopathology. *Bulletin of the Association for the Advancement of Philosophy and Psychiatry*, v. 26, n. 2, p. 1-11, 2020.

WALKER, C. Karl Jaspers on the disease entity: Kantian ideas and Weberian ideal types. *Hist Psychiatry*, v. 25, n. 3, p. 317-334, 2014.

WEBER, M. Die „Objektivität" sozialwissenschaftlicher und sozialpolitischer Erkenntnis. *Archiv für Sozialwissenschaft und Sozialpolitik*, v. 19, n. 1, p. 22-87, 1904.

SCHNEIDER, C. *Die schizophrenen Symptomverbände*. Berlin: Springer-Verlag, 1942.

SCHWARTS, M. A.; WIGGINS, O. P. Diagnosis and ideal types: a contribution to psychiatric classification. *Comprehensive Psychiatry*, v. 28, n. 4, p. 227-291, 1987.

MÓDULO II

ESTUDO DE CASOS

A ESQUIZOFRENIA INCIPIENTE DE KLAUS CONRAD

Edmundo Araújo Neto
Rafael Miranda de Oliveira

Habitualmente, no primeiro ano de residência do Instituto Raul Soares – IRS, escutamos pacientes com longos anos de história psiquiátrica, muitas vezes com diversas internações prévias e com desfechos desfavoráveis. A trajetória é tão complexa que é comum não dispormos de informações preciosas, em especial as que antecedem o primeiro surto psicótico.

Todavia, em nossos seminários de psicopatologia, entramos em contato com autores clássicos que se propuseram a explorar os pródromos da esquizofrenia, com maior ou menor grau de detalhamento. Sob a luz dessas alterações iniciais, muitas vezes despercebidas e tão facilmente esquecidas, é que nos propomos discutir o caso de nossa paciente.

Conhecemos Lílian em sua primeira internação no IRS, em dezembro de 2018. Logo no primeiro contato, deitada em seu leito, nos dizia, com certo distanciamento afetivo, que havia sido trazida ao hospital pelo seu marido por estar insone. Lílian afirma ter nascido numa família humilde na zona rural de uma cidade do norte de Minas Gerais e que tinha como meio de sobrevivência o trabalho na lavoura e a criação de animais. Era a quarta de sete filhas e tinha também um irmão caçula. Além de estudar, todos auxiliavam no trabalho desde jovens. Dizia que, apesar de muito labor, sua infância foi tranquila.

Acerca da conjuntura familiar, descrevia o pai era um sujeito bruto e criava os filhos com uma certa truculência. Sua rigidez e autoridade pesava sobre todos na família. O namoro era proibido e as filhas não poderiam sair de casa desacompanhadas.

Aos 14 anos, Lílian mudou-se de casa, com o auxílio de sua mãe, para morar com uma prima em outra cidade da região. Dizia que seu pai havia descoberto que mantinha um namoro clandestino e, no calor de sua ira, ameaçou matá-la. Exilada, Lílian residiu por um ano na casa da prima auxiliando nos cuidados do sobrinho e na sequência mudou-se novamente, para casa de sua irmã mais velha, afim de completar seus estudos. Lílian não mais voltou para casa e, ainda jovem, casou-se com seu marido, sob a tutela da igreja que frequentavam e se conheceram. Ambos tinham um relacionamento estável, porém sem filhos. O marido trabalha na informalidade e nossa paciente passou a trabalhar como vendedora de roupas. Esteve pelo período de cinco anos nesse ofício. Sempre foi muito educada e respeitosa com a clientela; contudo, enfatiza que, há cerca de menos de um ano, após uma venda, a cliente retornou à loja e a destratou na frente da patroa. Lílian descreve ter ficado em estado de choque, sem reações. A partir de então, passou a ruminar o ocorrido em pensamentos, tendo como efeito rompantes de choro frequentes e prevalente sentimento de insegurança no desempenho das atividades no trabalho. Com consequente queda da função laboral, decidiu repentinamente, e a contragosto da patroa e do marido, pedir seu desligamento do emprego.

Na sequência, decaiu num estado abúlico, evoluindo, no intervalo de dois meses, com queda capilar, perda ponderal, alterações do ciclo menstrual e hiperemese. Avaliação clínica e propedêutica, incluindo BHCG, foram realizadas sem correspondências clínicas. Na ocasião foi identificada apenas anemia ferropriva; quando iniciou tratamento com Neutrofer. Queixas físicas se fizeram presentes e prevalentes nesse período.

Em concomitância ao quadro somático, Lílian iniciou sentimento inespecífico de inquietação subjetiva descritos como "*desinquietação*", "*sem lugar*". Relatava necessidade de "*andar de um lado para o outro*", bem como sensação subjetiva de estranheza, nomeada na qualidade de "*uma tristeza estranha*". O quadro descrito intensificou-se ao longo dos meses subsequentes, evoluindo para insônia, pesadelos vívidos, nos quais experienciou revelações na forma de vozes que, em sonhos, diziam para desligar-se da igreja e não orar mais. Afirma ter a impressão de que tais fenômenos, de forma sutil, se faziam presentes no estado de vigília. Em alguns momentos de seu relato parecia perder a relação da experiência de realidade na relação com os estados oníricos.

Com a marcha do quadro, nossa paciente apresentou piora, cursando com sentimentos de desrealização e isolamento social. Na ocasião foi acolhida na casa de familiares por uma temporada com a intenção de melhora de seu estado anímico. Entretanto, Lílian apresentou piora do quadro, cursando com moderada agitação. Na ocasião foi avaliada no hospital geral do município e prescrito amitriptilina, com melhora parcial do quadro, na persistência de abulia e disfunção da interação social. O quadro era acrescido por sentimento de estranheza em suas relações com o eu e com o mundo. Lílian dizia: "*Comecei a sentir minha cabeça partindo no meio, e meu pensamento também foi ficando partido, eu não entendia muito bem o que as pessoas falavam, as coisas que estavam acontecendo*". Ainda registrava: "*As coisas pareciam diferente, aquele lugar estava estranho, me olhavam de forma estranha*". Para tanto, foi avaliada por psiquiatra que iniciou escitalopram 10 mg e zolpidem 10 mg, contudo, após o início das medicações, observou piora do quadro, cursando novamente com agitação psicomotora. "*Eu sentia uma coisa dentro de mim, não sei o que era, fui perdendo o controle, parecia que algo ia acontecer*". Na sequência, foi levada ao CAPS de sua região. Na ocasião foram suspensas as medicações e prescrito haloperidol 20 mg-ml, na dose de 20 gotas noite e então encaminhada ao IRS.

Em sua admissão no IRS, Lílian apresentava inquietação psicomotora, afeto perplexo e postura algo evasiva. Ao ser encaminhada ao Centro de Acolhimento à Crise, em nosso primeiro contato, apresentava-se algo negligente com o autocuidado e distante afetivamente. Chamava atenção sua condição de perplexidade, que era acompanhada de latência de respostas e bradpsiquismo. Sua atitude era parcialmente cooperativa e em parte evasiva. Apresentava-se orientada globalmente na ausência de alterações do nível da consciência. O afeto era síntone, porém hipomodulado. Seu estado volitivo era hipobúlico, acompanhado de hipopragmatismo e leve hipotimia. O pensamento apresentava-se preservado em sua estrutura, porém empobrecido em conteúdo. Inteligência na média clínica e memória aparentemente preservada. Consciência do eu apresentava-se prejudicada em sua unidade, acompanhada de sentimento de desrealização e despersonalização. O juízo de realidade encontrava-se afetado na ausência de construções delirantes sistematizadas ou temáticas. A crítica de morbidade, de forma similar, apresentava-se comprometida. Seu exame clínico era inocente na ausência de dados adventícios.

Em relação à sua história patológica prévia, não havia relato de episódios anteriores ou tratamentos prévios junto à saúde mental. Negava sintomatologia psicótica ou do humor. Aspectos premórbidos se evidenciam parcialmente por meio do relato de comportamentos social prejudicado, distanciamento afetivo, discurso empobrecido e, por hora, marcado por características peculiares, na ausência do relato de sintomas psicóticos atenuados. Não havia registro de déficits no desenvolvimento neuropsicomotor, bem como não havia observância, por parte dos familiares, de queda da funcionalidade ou desempenho escolar. Características de autorreferência precedem o quadro em sua forma manifesta. Dizia a paciente ter deletado seu WhatsApp por suspeitar que colegas de trabalho queriam, de alguma forma, prejudica-la. Tal relato persiste, de forma atenuada, ao longo de sua internação.

Segundo familiares, seu funcionamento era descrito como rígido, submisso, marcado por uma rotina inflexível e de pouca afetividade nas relações sociais. Apresentava bom desempenho no trabalho, era uma pessoa pontual e compromissada com suas atividades. Por outro lado, era retratada como uma pessoa distante e indiferente no ambiente de trabalho. Pouco se relacionava com os colegas de trabalho e, após o ocorrido, foi evidente seu total afastamento e queda funcional.

Ainda no que se refere à sua história prévia, negava uso de substâncias de abuso, bem como o histórico de patologias sistêmicas ou neurológicas.

No que tange sua história familiar, revelou que uma de suas irmãs fazia uso de antidepressivos, e que a outra "*havia surtado várias vezes*", inclusive com internações no IRS. Seu único irmão era usuário de substâncias de abuso, incluindo ilícitos. Dizia ter ficado muito abalada com as internações de sua irmã, em virtude de seu quadro clínico, bem como, por sua breve visita ao hospital, na ocasião do internamento da irmã.

Ainda sobre o quadro atual, revelou que, desde a época em que saiu de seu trabalho, estava sentindo "*a mente casada, sem entender direito as coisas, sem entender o porquê de existir coisas ruins*". Relatava o pressentimento de que o fim do mundo estava próximo e era preciso somente esperar. Lilian não desenvolvia tal construção ideativa, e a descrevia como uma intuição, uma revelação. O quadro era acompanhado por sentimentos sutis de estranheza para com a própria existência. Construções delirantes sistematizadas não se faziam presentes, seu quadro ideativo se estabelecia na forma de pressentimentos, de conteúdo inespecífico, na maioria das vezes vagos e acompanhados de comprometimento dos enlaces associativos. Somava-se ao seu relato certa postura evasiva que, acrescido de perplexidade, comprometiam a acepção de suas vivências de forma detalhada.

Sentimento vago de persecutoriedade, sem objeto definido, estava presente em seu relato. Numa certa medida, trazia consigo o pressentimento de que estava sendo prejudicada e, em parte, atribuía tal fato aos colegas de trabalho. Contudo, em seu relato, assentava-se mais numa intuição delirante do que, de fato, a percepção ou significação delirante.

Fenômenos corporais, tais como alucinações cenestésicas, eram notados através de queixas somáticas inespecíficas, acompanhadas de estranhamento, como choques, calafrios, "tremura do organismo", "perda do eixo do corpo", "pensamento dividido", dentre outros.

O marido relatava estar preocupado com a evolução da paciente no recorte do último ano. Não observara um marcador específico, porém reconhecia a relação no trabalho como um agravante. Acreditava que ela vinha num processo de "estafa" em relação as cobranças do emprego, e inclusive temia que a mesma tentasse contra a sua própria vida. Descrevia como caráter basal o distanciamento afetivo, contudo, relatava que, gradualmente, intensificou-se o isolamento social, a indiferença afetiva e o desenvolvimento de "sentimento de estranheza" acompanhado de angústia. Dizia que a paciente se incomodava com suas próprias atitudes e evitava contato até mesmo com familiares mais próximos. Revelou episódio em que Lílian, sem esclarecer os motivadores, deitou-se no chão e pediu à sua cunhada que batesse nela com vassoura até matá-la. Disse ainda não ter encaminhado a paciente, até então, para atendimento psiquiátrico, pois acreditavam ser uma questão espiritual, buscando sessões de cura na igreja.

Ao longo da internação, o que predominava no quadro como nota psicopatológica eram agrupamentos sintomáticos ao entorno de um espectro ideoafetivos marcado pela perplexidade, distúrbios associativos, afetivos, volitivos e autísticos. Sintomas produtivos se faziam presentes, como transfundo, em sua maior parte, sutis e, por hora, vagos e inespecíficos. Sentimentos de desrealização e despersonalização acompanhavam o quadro de forma persistente em toda sua evolução.

Ao longo de seu acompanhamento longitudinal, foi possível circunscrever, em sua evolução, um enquadramento processual, marcado por um curso descontínuo e pela vigência de sintomas residuais.

Nos dias que seguiram sua internação foi introduzida risperidona, alcançada a dose de 03 mg e lorazepam 02 mg à noite. Paciente apresentou boa tolerabilidade ao tratamento psicofarmacológico. Houve remissão dos fenômenos sensoperceptivos e regularização do sono. A paciente passou a frequentar as oficinas do espaço terapêutico, onde mostrava boa interação com as outras pacientes. Devido estabilização rápida do quadro, Lílian recebeu alta no nono dia de internação, na vigência de sintomas residuais, em sua maior parte do espectro cognitivo e afetivo. Na sequência foi proposto acompanhamento ambulatorial no IRS em cuidados compartilhados com o CAPS de seu município.

DISCUSSÃO

O desencadeamento de um quadro esquizofrênico é sempre um desafio ao clínico dado seu caráter inespecífico e seu prognostico reservado. Por outro lado, se faz premente, como orientador, o necessário afastamento de condições secundárias, entre elas, as neurológicas, médicas gerais ou ainda a intoxicação ou abstinência por substâncias psicoativas (Gouveia, 2014).

No plano semiológico, os quadros incipientes da esquizofrenia são quase que desprovidos de uma especificidade, ao ponto que, mesmo o clínico experimentado, deve adotar a prudência de só firmar um diagnóstico, após observação detalhada e longitudinal, caso não queira se enganar, o que acarretaria graves inconvenientes práticos (Ey; Bernard; Brisset, 1980).

Diante do exposto, é sobretudo pela organização progressiva dos distúrbios e por seu movimento evolutivo que reconhecemos o processo esquizofrênico em vias de formação. Nesse contexto, sem dúvida, a unidade da psicose, em seu curso inicial, é por vezes, insuficientemente explorada e circunscrita. A maior parte da literatura lança luz, sobretudo, aos aspectos manifestos do fato; levando em conta suas formas expressas e fenomênicas que, no conjunto, são transcritas aos manuais classificatórios contemporâneos. Os estados prodrômicos, menores, latentes ou incipientes, circundam a periferia penumbra da matéria. Desde sempre, distante de uma coesão entre os autores, tal objeto segue em aberto, mesmo frente às propostas mais contemporâneas de análise estruturada. Por essa via, entre os estudos vigentes, gravitam a tentativa de se alocar, em bases estatísticas, a verificação de sintomas sub-clínicos, na condição de preditores de um risco aumentado de conversão para psicose em pacientes jovens.

Na mesma medida, se consideramos as distintas disposições, nos diversos manuais de psiquiatria, acerca do desenrolar da psicose esquizofrênica em seu desencadeamento, encontramos descrições tão heterogêneas, que sublinham o fato da incipiência e desencadeamento serem tão diversos que, propriamente, somente os estados terminais, tal como assinalava Kraepelin, se faziam um modo específico para circunscrição nosológica de tal condição. Nessa direção, diversos foram os autores, entre eles Bleuler, Grühle e Schneider, que aspiraram elaborar um quadro de sintomas específicos ou patognomônicos, porém, resultaram inconstantes para que possamos basearmo-nos neles (Ey; Bernard; Brisset, 1981; Conrad, 1963).

Todavia, assinalamos, nesta ocorrência, uma experiência ulterior, tratada por Klaus Conrad, que nos parece digna de nota e análise, no que refere ao estudo do broto esquizofrênico em suas diversas formas de apresentação. Em sua proposta, de modo distinto de seus predecessores, Conrad não almejava decompor o fato psicopatológico em elementos e funções fundamentais, com a intenção de estabelecer um enquadramento sintomatológico que seja específico ao diagnóstico. O que pretende é avançar o estudo psicopatológico na direção de apreender a vivência esquizofrênica em sua dinâmica, curso e estrutura, com o designo de identificar possíveis axiomas, na qualidade de leis uniformes aproximadas, dentro de um episódio individual (Conrad, 1963).

Nesse interim, ao propor compreender a experiência esquizofrênica em seu valor de unidade histórica, Conrad dedicou-se ao estudo detalhado e particularizado de 107 soldados alemães, que cursavam com quadros de brotos esquizofrênicos, durante a guerra, nos anos de 1941/42. O conjunto do material clínico foi publicado em 1963 no volume intitulado *A esquizofrenia incipiente* (Ploog, 2002; Conti, 2015).

Por essa via, uma importante contribuição de Conrad, concentrou-se no estudo da experiência fenomênica do paciente durante as fases prodrômica e iniciais da psicose esquizofrênica, enquanto processo de desencadeamento. Ao nosso olhar, a atualidade do tema resulta, em sua aplicação clínica, que segue, na qualidade de orientador, não só no reconhecimento da condição clínica e seu diagnóstico diferencial, bem como no auxilio de um posicionamento clínico frente a tais condições, de modo a ajustar uma devida análise metodológica dos fatos em seus aportes subjetivos e biográficos.

De toda forma, não seria irrelevante tomar como referencial o estudo minucioso e particularizado, com base em sua metodologia clínica, com a intenção de análise do delírio esquizofrênico, em seu campo estrutural e biográfico, afim de clarear o campo psicopatológico em aplicação clínica. Para tal, nas páginas que se seguem, tentamos circunscrever a estrutura vivencial de uma paciente, na qualidade da vigência de um broto esquizofrênico, servindo-se, enquanto campo de análise, dos atributos semiológicos e da sua razão psicopatológica, inscritos na proposta metodológica de Conrad.

Vale dizer que, em toda a exposição, o relato parte da experiência recolhida durante as avaliações da paciente, de forma regular e por dias consecutivos. Contudo, cabe ressaltar que o tempo de internação breve impossibilitou um estudo aprofundado, em seus aspectos biográficos pormenores, como se pretendia. De toda forma, os aspectos apreciados em nosso levantamento clínico, nos pareceu de valia para a ilustração e exame dos fatos elencados em nossa discussão.

Enquanto diagnóstico clínico, o broto esquizofrênico se fez presente em nossa análise, a partir de dados colhidos, tais como o humor delirante, delírios de referência, percepção delirante e vivencias de influência corporal. Da mesma forma, partindo da própria descrição do caso, os sintomas constituem a coexistência de um conjunto de transtornos condicionados por uma experiência processual. Ainda na totalidade de sua análise biográfica, os fatos clínicos se apresentam numa perspectiva dinâmica manifesta por uma tensão psíquica destituída de motivadores determinados.

Contudo, cabe ressaltar que, ao nosso ver, o valor da discussão aqui elencada pesa, em especial, no delineamento de seu quadro incipiente, na maior parte permeado por condições prodrômicas e subclínicas. Desse modo, incitados em reconhecer a dinâmica desse campo clínico, centramos a discussão nos aspectos destacados.

Assim sendo, no desenvolvimento do quadro clínico de nossa paciente, cabe destacar, que o mesmo cursa, inicialmente, com período de tensão psíquica indefinida descrita na qualidade de "*inquietação subjetiva*". Nessa circunstância, nos vemos compelidos a reconhecer a valia de uma abertura para o exame da vivência em seu enquadre dialético para com o sujeito. A atribuição de estados ansiosos/depressivos, independentemente de seu caráter genético-compreensivo, tal como o enquadre atual da nosologia psiquiátrica, fazem dos sintomas objetos em si, tendo como efeito um estreitamento do campo de estudo psicopatológico.

No desenvolvimento de seu "modelo de estágios" relativo ao curso do delírio na esquizofrenia incipiente, Conrad (1963) descreve, como etapa prodrômica, uma constelação de fenômenos anímicos sub-clínicos, em parte designados na forma de tensão psíquica, tidos como elementos próprios de um broto esquizofrênico. Em sua maior parte inespecíficos, tais sintomas costumam ser desprovidos de sentido por parte do paciente, porém, clarividentes ao ponto de consternarem toda a vivência enquanto unidade existencial. Essa fase, que costuma anteceder a eclosão do delírio, foi denominada por Conrad como *Trema*.

Qualificado no meio teatral para designar a sensação de tensão, minutos antes de entrar em cena, o *Trema*, em sua proposta fenômeno-descritiva, corresponde a primeira fase da esquizofrenia incipiente, na qual, o paciente costuma sofrer uma tensão psíquica, indefinida, porém, cada vez mais opressiva (Aaron, 2009). Por vezes descrito como angústia, o paciente apresenta uma fração de tormenta inquietante, sem objeto definido, que culmina na experiência da iminência de um feito desconhecido que está por vir. Conrad pretende demonstrar, em seus estudos, que essa primeira fase do broto esquizofrênico é de grande valia, em termos clínicos, tida como forma germinal, marcada por uma tensão psíquica não elaborada e inespecífica (Conrad, 1963). Comumente confundida com outros estados anímicos, suas propriedades contém elementos suscetíveis de análise que, no seu conjunto, devem compor, na relação com o particular do caso, subsídios para a suspeição dos estados psicóticos incipientes.

Em nosso caso, o sentimento de inquietação subjetiva se instalou, de forma crescente, ao longo de todo curso inicial de sua enfermidade, chegando mesmo, ulterior, ao estado manifesto de agitação. De causa incógnita para o sujeito, a vivência subjetiva era representada e reconhecida com estranheza. Apesar da marcada relação temporal para com a situação vivenciada no trabalho, seu estado afetivo subsequente orientava-se de forma descontínua em suas relações causa e efeito. Imbuída num sentimento indefinido, nossa paciente não estabelecia relações de motivação que o legitimavam.

Em seu conjunto manifesto, de acordo com Conrad, poderão ser características do trema as condutas sem sentido, desprovidas de motivação e que se destacam pela falta de compreensibilidade. Com a progressão, tais condutas poderão mesmo resultar em alterações do comportamento e reações inadequadas à realidade exterior. Em geral desprovida de uma relação causal definida, em parte dos casos é possível encontrar situações de tensão, tais como repressões no trabalho, necessidade de tomada de decisões ou situações conflitivas (Conrad, 1958, 1963). Em nosso caso, algumas atitudes da paciente foram descritas pelos familiares como sem razão de ser. Destaca-se o episódio em que deitou-se no chão e, sem aparente motivadores, clamou em ser agredida. Enquanto aspecto geral, seu estado anímico e comportamentos são reconhecidos pelos familiares como desprovidos de motivadores específicos, sendo aventada a hipótese causal de "estafa" ou mesmo de "ordem espiritual".

Estados distímicos, como a depressão, em geral acompanhados da qualidade de angústia, costumam se apresentar como transfundo nas psicoses incipientes. Sentimento de tédio, vazio existencial e até mesmo vivência atormentadora de culpa poderão estar presentes. Todavia, tais condições, em sua diagnose diferencial com os estados afetivos primários, costumam apresentar-se de modo sobrevalorado, de relações causais imprecisas ou num abismo para com o ajuizamento dos demais ao seu entorno. Em geral são acompanhadas de estados abúlicos e por vezes submetidos a ideias suicidas sem motivadores precisos (Conrad, 1958,

1963). No caso de nossa paciente, condição hipotímica, anedônica e abúlica, descritas na qualidade de um vazio existencial e de uma "tristeza estranha", se fizeram presente nos estados prodrômicos.

Acrescenta-se o fato de que, o desenvolvimento insidioso de desconfiança, reticencia e posturas evasivas, representam gradualmente, o encaminhamento do sujeito a um campo obscuro, em que a experiência de desrealização produz sentimentos de indeterminação para com a naturalidade do vivido. Nessa conjuntura, enquanto extrato de um broto, sentimentos de ameaça se edificam, em marcha progressiva, na direção da insurgência de juízos persecutórios, fato que esteve presente em nosso caso na qualidade de sentimento de ameaça (Ploog, 2002; Conrad, 1963).

Como nota, sublinha-se que, em seu curso evolutivo, no intervalo do limite entre a vivência normal e a delirante propriamente dita, ainda na etapa do *Trema*, advém o *humor delirante*. Nomeado de *Wahnstimmung* (Jaspers), esquizoforia (Lopez Ibor) ou humor pré-delirante (Alonso Fernandez), o *humor delirante* foi definido, pelos autores, como estado de espírito que precede o desencadeamento de um delírio. Carregado de angústia e significado vago, o sujeito é tomado pelo pressentimento de um desastre iminente, indefinível e caótico (AARON, 2009, PAIM, 1993). Caracterizado por uma transformação da consciência de realidade, cuja o transfundo de neutralidade há se perdido, o sujeito encontra-se acometido pela experiência permanente e inonimada, da determinação da iminência de algo. Objetivamente nada há mudado, porém, o sujeito vive o pressentimento incógnito de que "algo está no ar" (VIEIRA, 2019; Conrad, 1958).

Segundo Jaspers (1985, p. 119),

> (...) no humor delirante "há sempre "algo" presente, embora, totalmente impreciso". "Os doentes sentem algo estranho, há alguma coisa que pressentem. (...) O ambiente está diferente (...) tudo atinge e envolve em iluminação estranha, incerta. Uma atmosfera indefinível domina então uma casa que antes era indiferente ou amável. Há algo no ar, de que o doente não pode se dar conta, uma tensão suspeita, desagradável, estranha o domina.

Por conseguinte, em nosso caso, a paciente vivencia processo de enfermidade marcado pelas propriedades semiológicas retratadas. Seu quadro clínico inicia-se com sentimento inespecífico de inquietação subjetiva vivenciado com estranheza. O quadro é seguido por queixas somáticas indeterminadas e sonhos vívidos. Ulteriormente, instala-se pressentimento de perda do controle e da iminência de que "*algo irá acontecer*". Ainda registrava, na qualidade de humor delirante, sentimento impreciso de transformação do ambiente e de desconfiança: "*As coisas pareciam diferente, aquele lugar estava estranho, me olhavam de forma estranha*".

Com o desenrolar, numa margem de tempo variável, que pode durar dias, meses ou até mesmo anos, o que estava contido no *Trema*, de forma germinativa, tal qual uma tensão acumulada e indefinida, se dirige ao plano do delírio. Por essa via, o *Trema* conduz a uma transformação da estrutura da vivência como um todo, determinando uma nova etapa, cujo o nome *Apofania*, significa, etimologicamente, do grego, "tornar manifesto". Caracterizada pela experiência de uma revelação, o delírio aparece repentinamente como o despertar de um conhecimento manifesto, que agora, na qualidade de evidência explicita, torna clarividente o que antes havia de indeterminado e indefinido durante o humor delirante (Aaron, 2009; Conrad, 1963).

Caracterizado por uma consciência anormal de significação, alocada fora do campo da compreensibilidade, na experiência apofânica, em sua marcha, a consciência de realidade adquire propriedades completamente novas, na qual um saber se impõe de modo imediato, tal como a essência misteriosa de uma revelação (Conrad, 1958).

Em similitude à percepção delirante, largamente tratada por Jaspers e Scheneider, na vivência apofânica o objeto percebido indica algo, imediatamente e completamente determinado, sem relações de motivo precisas, do qual se destacam propriedades que se impõe ao sujeito como signo manifesto. Toda consciência se mostra afetada por uma luz apofânica, na qual não há elaboração, se não, simplesmente a acepção imediata de um sentido. Dessa forma, a percepção delirante é uma verdade revelada, e não deduzida (Schneider, 1968; Paim, 1993).

Para Conrad, se escutarmos com atenção, é possível reconhecer, muitas vezes, em aparentes relações banais, a qualidade de uma luz da apofania, pelas quais se constituem distintas e de um valor particular, autorreferente, dotado de uma significação especial, ainda que, por vezes, borrada por uma indeterminação aos olhos do examinador (Conrad, 1958).

No caso de nossa paciente, não observamos com precisão uma vivência apofânica, no caráter de revelação pontual, que condensasse todo o *humor delirante* de modo a reorientar seus sistemas de referências e dissipar o estado de *Trema*. Nossa paciente se mantinha num estado de disposição pré-delirante, porém, se colocava na condição de presunção de uma nova conjectura, na qual chega a intuir mesmo que o fim do mundo estava próximo. Cabe ressaltar que a paciente mantinha, de forma permanente, uma sensação escassamente elaborada de insegurança. Embora não chegue a externar com exatidão suas vivências, reticente a uma penetração mais profunda nas estruturas subjacentes, imprimia em seu relato uma posição paranoide e autorreferente, sublinhada por um fundo perceptivo de caráter ameaçador. No caso, o sentimento de ameaça nos foi revelado por meio do juízo de estar sendo prejudicada, fato que, em parte, atribuía aos colegas de trabalho. Tal apreciação a conduziu ao ato de deletar seu WhatsApp.

Na transição do *humor delirante* para a *Apofania*, Conrad destaca experiência de autorreferencia, denominada de *Anástrofé*, na qual todo campo experiencial circundante, se volta para o sujeito, dotado de um significado particular. Nessa conjuntura, os objetos percebidos indicam ao enfermo que se referem a ele, podendo ainda estarem envoltos de um significado particular dirigido ao mesmo. Nesse enquadramento, no qual o sujeito assume posição passiva e centralizada, na forma de objeto de observação do outro, sentimentos autorreferentes e de influência costumam edificar-se, tal como algo que está posto. Nessa circunstância o sujeito é observado, falado e escutado. Expressões comuns para se referir a essa experiência são: "estão tramando alguma coisa"; "estão querendo me pôr a prova"; "é um truque", "uma dissimulação" (Aaron, 2009; Conrad, 1958, 1963).

No caso de nossa paciente, vivência de autorreferência se avigora na medida em que se instala um estado apofânico. Precedente à composição de um juízo de infortúnio, refere com estranheza a maneira com que a observam. Na sequência se estabelece um transfundo de ameaça que culmina na conclusão de prejuízo. Lílian interrompeu todo contato social por acreditar que, de alguma forma, estariam tentando prejudicá-la. Na ocasião, dizia: "*Deletei o WhatsApp, pois no fundo eu sabia que ela (a amiga) estava era com inveja de mim, queria era debochar por eu estar doente*".

Cumpre ressaltar em nossa análise, o fato de que vivências corporais anômalas costumam ocorrer na incipiência do desenvolvimento esquizofrênico. Sensações da esfera corporal, vivenciadas com estranheza, nas mais diversas vertentes, costumam compor o enquadre dos fenômenos desta ordem. Em parte, em sua experiência apofânica, são vivenciados na qualidade de fenômenos impostos, desde sensações de estranheza, formigamentos, correntes elétricas que percorrem o corpo, até mesmo verdadeiras construções delirantes, mais ou menos explícitas. Em alguns casos, reconhecidas, ainda em seus pródromos, como queixas somáticas sobrevaloradas, resultam, na maioria das vezes, na ausência de um sentido clínico-propedêutico habitual (Conrad, 1963).

No caso de nossa paciente, seu quadro clínico se instalou na ocorrência de sintomas somáticos inespecíficos, sobrevalorados e de causalidade não reconhecida. Com a progressão do quadro, fenômenos corporais se fizeram presentes na forma de ideias sobrevaloradas ou até mesmo alucinações cenestésicas tais como: sensação de choques no corpo, "tremura do organismo" e "perda do eixo do corpo".

Em seguida, na análise evolutiva de Conrad, a fase *Apocalíptica* se segue como uma verdadeira ruptura processual. Aos poucos se desfaz então a continuidade de sentido, à medida que se dissolvem os elos nos quais os elementos do mundo encontravam-se originalmente interligados. Ocorre finalmente uma completa assintaxia, descrita por Conrad, cujo exemplo clínico se encontra na experiência catatônica. Nesta fase, a continuidade de sentido e a ordenação do mundo estão destruídas. O enfermo é invadido pela massa de imagens do tipo onírico, donde a configuração do psíquico se encontra destruída e sobrevêm as vivências de perda da identidade (Paim, 1993).

Por fim, a fase de *Consolidação* caracteriza-se por uma tendência à cristalização do delírio, na qual a *Apofania* remite, pelo menos em domínios parciais, e portanto, conduz a uma certa estabilização do quadro. Essa fase é caracterizada pela elaboração intelectual ao entorno do delírio. Caminha-se assim, gradualmente, para a última fase, a *Residual* (Conrad, 1963).

Nessa última, persistem os déficits, tal como uma perda de potencial energético psíquico, que pode ser de pequena intensidade, mas presente já no primeiro episódio. Esta extensão depende de se a consolidação chegou até seu limiar evolutivo, caso contrário, permanece estacionada em algum ponto do caminho, no qual podem originar-se formas de curso delirante ou catatônico duradouros. Quando o processo é muito precoce, por exemplo, quando começa na puberdade, surgem formas clínicas do estado deficitário (embotamento afetivo-volitivo): a hebefrenia e a esquizofrenia simples (Conrad, 1958, 1963).

Em síntese, o estudo do caso aqui tratado, por meio de uma análise do material experiencial de um broto esquizofrênico, indica, com efeito, a valia de uma apreensão dos fatos clínicos, não só em seu relevo, com distinção descritiva, mas em suas relações de conjunto, a partir dos valores metodológico que subsidiam a prática clínica.

Tivemos a intenção, reconhecendo as limitações dos estratos demonstrativos de nosso material clínico, em seu volume de dados, circunscrever um plano clínico, no qual suas implicações brotam dos próprios fatos. Assim sendo, nos parece de valia, no estado vigente da ciência, retomar os argumentos aqui expostos, enquanto princípios aplicáveis aos domínios da clínica. Do mesmo modo, nos parece em vão despreza-los em função de uma analise do comportamento objetivável, tidos como objetos em si, independentes da conduta e da consciência do sujeito que as sofre.

Em nossa proposta, buscamos confiar nas relações de compreensão, na tentativa de apreender o fenômeno mental como um todo, inexplicáveis isoladamente, mas com efeito, no seu conjunto, encadeados num processo que se ordenava condicionado por uma experiência processual de transformação do todo existencial.

No caso exposto, o processo aparece, em sua descrição fenomenológica, como uma fratura que interrompe a linha histórico-vital do sujeito. É na iminência dessa fratura que buscamos encontrar, em nossa exploração clínica, o *Trema* em sua qualidade semiológica permeada pelo *humor delirante* e sua transição para a experiência apofânica.

Destas, é talvez a fase de trema, ao nosso ver, que se reveste de uma particular importância, já que, para o observador atento, pode fornecer preciosos indícios diagnósticos.

Em conclusão, cumpre lembrar que seu valor clínico encontra-se numa condição metodológica que leve em conta a supremacia do sujeito. Por essa via, Conrad estabelece o alcance de suas observações. Dessa forma, cabe aqui interrogarmos, em acordo com Conrad, frente ao método científico contemporâneo, o valor, no trabalho clínico, da compreensão do homem, enquanto sujeito, em contraponto ao interesse científico do homem enquanto ser-objeto.

REFERÊNCIAS BIBLIOGRÁFICAS

EY, HENRI; BERNARD, P.; BRISSET, C. *Manual de Psiquiatria*. 5. ed. Rio de Janeiro: Masson/Atheneu, 1981.

GOUVEA, E. S. et al. Primeiro episódio psicótico: atendimento de emergência. *Revista Debates em Psiquiatria*, p. 16-23, 2014.

CONRAD, K. *La esquizofrenia incipiente*: intento de un análisis de la forma del delírio. Madrid: Editorial Alhambra S. A., 1963.

CONTI, N. A. La esquizofrenia incipiente. *Vertex*, v. 26, n. 120, p. 147-148, 2015.

JASPERS, K. *Psicopatologia geral*: psicologia compreensiva e fenomenológica. Rio de Janeiro: Atheneu, 1985.

PAIM, I. *História da Psicopatologia*. São Paulo: EPU, 1993.

PLOOG, D. W. Klaus Conrad (1905-1961). *History of Psychiatry*, v. 13, n. 51, p. 339–357, 2002.

SCHENEIDER, K. *Psicopatologia clínica*. São Paulo: Editora Mestre Jou, 1968.

VIEIRA, A. B. A experiência interior do delírio inicial. *Revista Portuguesa e Psiquiatria e Saúde Mental*, v. 5, n. 4, p. 40-44, 2019.

EROTOMANIA: ENTRE A PSICANÁLISE E OS CLÁSSICOS DA PSIQUIATRIA

Giulia Campos Lage
Rafael Miranda de Oliveira

> *"E embora ela tivesse certeza de que o amor dele por ela estava diminuindo, não havia nada que ela pudesse fazer, ela não poderia de forma alguma alterar suas relações com ele. Assim como antes, apenas pelo amor e pelo encanto ela poderia mantê-lo. E assim, assim como antes, somente pela ocupação durante o dia, pela morfina à noite, ela poderia abafar o pensamento temeroso do que aconteceria se ele deixasse de amá-la."*
>
> (Liev Tolstói, em *Anna Kariênina*)

O CASO

Compenetrada nas atividades rotineiras da enfermaria, no início da manhã, sou abstraída pela informação acerca da admissão de uma nova paciente em meu leito. De imediato, ao tomar conhecimento de seu caso, um dado em nada habitual me chama a atenção: nossa paciente era procedente de um país do leste Europeu. Logo de início pude perceber que essa seria uma jornada peculiar. Na ocasião, com 23 anos, Amanda era admitida no Instituto Raul Soares – IRS após uma tentativa de autoextermínio, que, em sua enunciação, fora praticada por amor.

Apreendida pelo caso, me dirigi à paciente. Logo em nosso primeiro contato, ainda sob efeito de benzodiazepínicos, Amanda não hesitou em externar o motivo de sua atuação. Afirmava que havia tentado autoextermínio após descobrir que Thomas, seu amado, iria se casar com Yara.

Ao ser perguntada sobre quem era Thomas, então ela me diz: "*Melhor eu te contar tudo desde o início*".

Amanda relata que veio pela primeira vez ao Brasil em julho de 2018 para realizar um intercâmbio universitário. Na ocasião, afirmava que o objetivo do intercâmbio e a escolha pelo Brasil se deu numa tentativa de mudança de rumos no percurso de sua vida. Destinada à infelicidade, buscava algo novo e, dentre as possibilidades disponíveis, o Brasil lhe foi apresentado como rota. Como fato preconcebido, nossa paciente afirmava que, diferente de seu país de procedência, o homem brasileiro era um sujeito cordial e amoroso.

Acolhida por uma família brasileira, nossa paciente não teve dificuldades de adaptação e logo foi aprovada em um processo seletivo para estagiários de uma famosa *startup*. Lá, conheceu Thomas, seu chefe. Apesar de mais de uma década que os distanciavam, Amanda me conta que se apaixonou prontamente em seu primeiro contato com o mesmo. Afirma ter sido tomada por um sentimento inusitado e marcado por uma qualidade singular insondável. Por conta disso, relata ter se esforçado para ser a melhor funcionária da empresa e, assim, conquistar atenção de seu chefe. Tal estratégia foi bem sucedida e não demorou muito para que eles iniciassem um romance. Apesar de Thomas, na ocasião, estar compromissado, Amanda não se importou, afirmando que o amor dele por ela que era verdadeiro.

Ao final de seu intercambio, na iminência de partir, Amanda revela ao seu amado o rigor do laço afetivo que os unia, de modo que afirmava, na ocasião, sua pretensão de retornar ao Brasil para se estabelecer com Thomas – que, com lisura, a desaconselha, não ratificando o valor atribuído por ela à união, dizendo não haver interesse em manter o relacionamento.

Admitido como um fato ordinário, em seu retorno de volta ao país de origem Amanda procurava, de forma descomedida e imensurável, manter contato com Thomas. Num ímpeto obsedante, determinada em acessar seu objeto de amor, averiguava, sondava e reivindicava insistentemente por ele. Obstinada, chegou até mesmo a monitorar suas redes sociais diariamente. Nesse ínterim, apesar de não ser correspondida em acordo com suas aspirações, Amanda seguia vigorosa na apreciação de "algo" entre ambos, que desembocava no projeto de um relacionamento concreto e estável.

Todavia, naquele ano, ao tomar ciência de que seu amado assumia um relacionamento com Yara, nossa paciente faz sua primeira tentativa de autoextermínio. Depois de ingerir grande quantidade de benzodiazepínico, Amanda é internada em um hospital psiquiátrico de sua cidade. Lá, fica hospitalizada por 21 dias e, após extensa avaliação, é diagnosticada com Transtorno Esquizoafetivo do tipo Depressivo, sendo medicada com Lítio, Clonazepam e Risperidona.

Depois de concluir a graduação, em janeiro do ano seguinte, Amanda dá cabo a seu projeto e regressa ao Brasil para realizar mestrado em Marketing, indo morar com a mesma família que a acolhera anteriormente. Tão logo chega ao país, procura Thomas com a intenção de retomar o romance.

Apesar de não corresponder inteiramente às suas perspectivas, nossa paciente conserva-se na condição de amante. Todavia, em meados de março, ao iniciar o isolamento social provocado pela pandemia do COVID-19, Amanda evolui com desestabilizações de seu quadro clínico. Segundo seu relato, tal fato decorreu em virtude do cerceamento de sua liberdade e, principalmente, do fato de Thomas descontinuar por completo qualquer contato com ela. Apesar das constantes negativas, nossa paciente seguia tentando aproximções de forma diária, excessiva e imoderada, até que ele a bloqueia em suas redes. Na ocasião, Thomas lhe envia um e-mail proferindo, de forma inequívoca e manifesta, bem como desconcertante, o desamor e a repugnância sentidos em relação à Amanda.

Entrementes, Amanda passa, então, a cursar com ideações de autoextermínio e a mutilar-se. Diante das ameaças suicidas, a família decide trazê-la para Belo Horizonte, segunda estação de moradia, onde permaneceriam por alguns meses a trabalho. Ademais, como intenção manifesta, Amanda ficaria sob supervisão integral e afastada de Thomas.

Todavia, após poucos dias em Belo Horizonte, a paciente tem uma nova crise, seguida de automutilações. A "família brasileira" conta que Amanda passava o dia monitorando as redes sociais de Thomas, além de externar intenções homicidas para com Yara, na ocasião noiva de seu amado. Nesse momento, os acompanhantes decidem, então, trazê-la ao sector de urgências psiquiátricas do IRS.

Em sua internação, Amanda apresenta-se algo apática, distante afetivamente, por vezes indiferente, apresentando como nota o discurso prevalente em torno da temática de seu relacionamento amoroso. De caráter hipertenaz, pouco ou em nada deslocava sua narrativa. Inicialmente compreendendo seu relato como que permeado por uma afetação catatímica, aos poucos nos foi revelando um aparente sistema ideativo inflexível e marcado por um suposto juízo afetado. Seu pensamento, apesar de circunscrito à ideia sobrevalorada, se apresentava sem alterações da forma. De modo geral, a personalidade como um todo encontrava-se preservada. Amanda apresentava-se como uma pessoa de vasta cultura e bom desempenho cognitivo. Todavia, exibia pensamento concreto e, como traço, certa hipomodulação afetiva. O humor se mostrava hipotímico, porém, reativo e visivelmente modulado pela esfera ideativa. Seu biótipo era grácil, e destoava, em seus caracteres fisionômicos, para com as demais pacientes. Entretanto, apesar das diferenças de língua, cultura e etnia, Amanda parecia adaptada ao ambiente hospitalar, e por vezes até identificada com as demais pacientes, em parte, claramente desagregadas e delirantes. Seu juízo era pautado pela lógica, porém, aparentava incorrer numa condição erotômana.

Ao longo de nossas conversas, Amanda trouxe elementos importantes sobre sua história. Relatou-me sobre sua primeira internação no país de origem, quando tinha 18 anos de idade. Essa hospitalização ocorreu por conta de um quadro de anorexia, no qual ela chegou a pesar 32 kg. Dizia que, após uma rejeição amorosa, percebeu que seu ex-namorado estava com uma mulher mais magra do que ela e, por isso, resolveu emagrecer. Nessa ocasião, foi internada após adinamia clínica causada pelo transtorno alimentar, sendo necessário uso de sonda nasogástrica para alimentação, além de antidepressivos – entendidos como tratamento para causa de base da anorexia. Após a internação, Amanda se viu extremamente insatisfeita com sua nova forma física, "engordada", desenvolvendo, assim, um novo transtorno alimentar: a bulimia. Além de passar a expurgar todo alimento que ingeria, a paciente começou também a dar alimentos gordurosos (como *fast food*) à sua irmã mais nova.

Amanda justifica essa tentativa de engordar a irmã por sentir inveja da relação desta com seus pais. Ao ser questionada sobre o motivo desse sentimento, Amanda expõe que, desde pequena, foi muito rejeitada pelo pai. Segundo ela, seu pai solicitou que fosse feito o teste de DNA para averiguar o parentesco entre eles. Mesmo com o teste confirmando a paternidade, o pai, segundo seu relato, nunca conseguiu lhe dar carinho. Ademais, além dessa rejeição, Amanda conta que seu pai era alcoólatra. Afirmava que, quando sob efeito de álcool, ele se tornava extremamente agressivo fisicamente com ela. Nossa paciente descreve que tais agressões eram dirigida somente a ela, poupando a irmã e sua mãe.

Sobre sua relação com a mãe, Amanda conta que elas não eram muito próximas: "*Quando meus pais se separaram, eu fui morar com o meu pai e minha irmã com a minha mãe*". Além disso, relata que não se parece muito fisicamente com a mãe. Entretanto, refere que ambas apresentam "jeitos" muito parecidos: "*Minha mãe sempre traiu meu pai. Ela conversava com vários homens no seu celular. Parece que ela precisa da atenção de vários homens, assim como eu*".

Amanda conta também sobre experiências sexuais traumáticas, as quais tiveram grande impacto em sua vida. A paciente narra que, quando tinha 14 anos de idade, venceu um concurso de beleza. Após o concurso, voltando para casa, ela encontra um colega, que a convida para fumar um cigarro em uma casa abandonada. Chegando lá, Amanda se depara com o irmão mais velho desse amigo. Eles fumam e, quando a paciente resolve ir embora, o homem diz que ela vai "pagar" pelo que ela fez. Assim, o rapaz a estupra de forma violenta, fotografando o ato sexual. Ao final, o homem diz que ela era uma vagabunda e que não deveria ter ganhado o concurso de beleza.

Amanda interpreta, a partir dessa frase, que o estupro ocorrera para vingar a garota que havia perdido para ela no concurso de beleza. Para corroborar tal conclusão, conta que as fotos de seu estupro foram espalhadas entre seus colegas, o que perpetuou sua dor, a partir do *bullying* sofrido.

A partir dessa afirmativa, Amanda parece incorporar o significante "vagabunda", passando a se prostituir na internet. Segundo ela, "*talvez realmente fosse a vagabunda que o homem apontara*". Assim, dizia que deveria assumir esse adjetivo e tentar tirar o melhor proveito disso.

A essa altura da internação, surge um impasse: as aulas do mestrado haviam iniciado e, caso não retomasse, perderia sua matrícula. Apesar da melhora não completa, entendíamos que seria importante para Amanda regressar para os estudos. Dessa forma, procedemos com a alta hospitalar, mantendo a continuidade de seu tratamento, por meio de consultas ambulatoriais diárias. Todavia, nessa circunstância, tornou-se flagrante e manifesta a tenacidade e apego subjetivo à ideia sobrevalorada concernente ao relacionamento amoroso. Em seu retorno para casa, Amanda dedicava-se exclusivamente a monitorar as redes sociais de seu amado. Tomada por uma paixão patológica, nada mediava suas ambições. Sua existência encontrava-se voltada tão somente para a contemplação de uma relação intangível em seu registro concreto. Distante de Thomas e incomunicável, nossa paciente cursa, novamente, com automutilações.

Readmitida na enfermaria, diante do trancamento do mestrado e do desgaste com sua família brasileira, Amanda tinha como propósito esquecer Thomas e nutrir o "amor próprio".

Uma solução, trazida pela própria paciente, surge neste momento. Amanda menciona que, quando foca em ficar magra, consegue pensar mais em si e não pensar tanto no seu objeto de amor. Assim, Amanda começa a negar cada vez mais a alimentação. Inicialmente, tento abordá-la apontando a importância de se nutrir. Entretanto, nossa paciente passa a demandar que eu delimite a quantidade mínima a ser ingerida para que possa se sustentar. Percebendo, então que começo a ocupar a posição de mestre, solicito que a equipe de nutrição a avalie e acompanhe, na tentativa de me deslocar deste lugar. Apesar do trabalho despendido pela nutrição, Amanda continua tendo importante perda ponderal.

Apesar de seu propósito em esquecer Thomas, o que parecia configurar mais como um consentimento, em seu íntimo seguia cultivando suas aspirações amorosas. Se, num primeiro momento, tinha como querela telefonar ou enviar e-mail para seu "pretendente", agora, sob influência de outras pacientes, lançava-se em rituais de magia com o intento de reconquistar seu amor. Curioso que, ao ser indagada, apesar de, declaradamente, não crer em tais vias, dizia se utilizar delas, por ser Thomas "*sua religião*". A idolatria para com o objeto de amor resultava numa posição de fixidez e completo assujeitamento ao componente de base afetiva.

Apesar do caráter ideativo edificar-se sobre uma base de realidade concreta, afinal de contas, ambos estiveram na condição de amantes, seu juízo se apresentava sobrevalorado e não dialetizável diante dos acontecimentos factuais. Fundamentado numa base afetiva, intensa e vivaz, o desejo se impunha ao espírito, de modo a orientar toda atividade mental, incluindo seu julgamento. Ao ser indagada acerca do recente noivado com Yara e da declaração de repúdio por parte de Thomas, Amanda responde, imbuída numa certeza subjetiva, que ele estava enganado em seus sentimentos e que, sem demora, retificaria sua posição. Assim, com um estalar dos dedos, disse: "*ele muda de opinião logo*".

Ao buscarmos verificar seu estatuto da certeza na relação amorosa, forçando o campo da compreensão em seu limite, nos deparamos com uma irredutível e irrevogável significação de verdade. Inerte e estagnado, o núcleo ideativo seguia irredutível e radical, de modo a impossibilitar recolocar em questão sua posição.

Ademais, além do caráter obstinado, fiel e dominante das ideias, o caráter passional se tornava manifesto, na forma de cólera, que por vezes tinha, inclusive, a sua própria pessoa como alvo. Não raro, encontrava alívio, quando descarregava, no plano da ação, ensejada na automutilação, suas tensões e frustrações.

Em virtude de sua vulnerabilidade, foi entendido pela equipe que Amanda precisava, no pós alta, de um cuidador imediato. Diante do esgotamento da relação da paciente com a família que a acolheu no Brasil, tornou-se impossível que eles assumissem essa função. Na ausência da possibilidade de outro arranjo, sem nenhuma proposição razoável ou praticável por parte de Amanda, foi decidido, então, pelo seu retorno ao país de origem. Assim, iniciamos uma tentativa de contato com os pais para construir um retorno seguro para nossa paciente.

A partir de então, por meio da articulação do consulado de seu país de origem, passamos a fazer contato diário, por meio de reuniões on-line, com outros familiares. Sua mãe nunca esteve presente. Nessas reuniões, pudemos entender que o principal cuidador da paciente era seu pai, o qual estava disposto a vir buscá-la e colaborar na articulação de seu acompanhamento junto à saúde mental no país de origem.

Apesar das barreiras sanitárias, em novembro de 2020, seu pai finalmente chega em Belo Horizonte. Amanda ainda permanecia com o objetivo de residir no Brasil. No entanto, diante do bom vínculo transferencial, aceitou a proposta de continuidade de seu tratamento afim de alcançar uma estabilização mais duradoura, em sua cidade natal. Como parte desse manejo, combinamos que faríamos consultas online semanalmente.

Amanda recebe alta em uso de desvenlafaxina 150 mg/dia // quetiapina 600 mg/dia // clonazepam 3mg/dia, retornando ao seu pais de origem sem intercorrências no trajeto.

Continuei a atender Amanda em entrevistas semanais via zoom. Ao chegar em sua cidade, a paciente procurou imediatamente o hospital psiquiátrico local, onde iniciou acompanhamento diário com equipe de terapeuta ocupacional, psicólogo e psiquiatra.

Em conversas subsequentes, Amanda me conta que mantinha contato via Facebook com algumas pessoas no Brasil, que havia conhecido no IRS. Disse que estava ajudando a um ex-paciente com o site de sua marca e revelou que havia começado a escrever um livro sobre sua jornada na instituição psiquiátrica. Amanda vem mostrando progresso no seu tratamento, além de não falar até o momento com e sobre Thomas.

DISCUSSÃO

O caso de Amanda se mostrou instigante em diversas esferas. Inicialmente, como dito na descrição do caso, pensei que, pelo fato da paciente falar bem o português, a linguagem não seria uma barreira. Mas, como afirmado por Lacan (1971/2009) no Seminário 18, "(...) todo uso da linguagem, seja ele qual for, desloca-se na metáfora". Portanto, assim como com outros pacientes, percebi com Amanda que a linguagem traz consigo o desafio do acesso ao inconsciente, através das resistências que este produz através dela, além de estarmos sujeitos à interpretação que essa comunicação nos traz. E o responsável por isso não era a diferença de línguas maternas que nos separava.

Dentre os diversos desafios presentes na construção desse caso, como o manejo envolvendo outro país e outra cultura; destaco a dificuldade diagnóstica e a direção do tratamento partir deste, sobre a qual desenvolverei essa discussão.

Amanda é internada no IRS por colocar sua vida em risco. Diante de grande vulnerabilidade, permanece nessa instituição por três meses, o que permitiu à equipe pensar e questionar o caso por muitas vezes. Curiosamente, pouco foi alterado da sua medicação durante a internação. Os sintomas psiquiátricos se estabilizaram cerca de um mês e meio antes da alta. Mas sua vulnerabilidade não cessava, o que a manteve internada até que alguém que se responsabilizasse de cuidados próximos pudesse buscá-la.

A importância do diagnóstico, após um tratamento farmacológico estabelecido, se dá diante das possíveis intervenções a serem feitas, uma vez que estas poderiam contribuir para a melhora da paciente. Nesse sentido, o principal "sintoma" de Amanda – seu amor por Thomas – é questionado: haveria uma ideia sobrevalorada sobre essa relação ou um delírio constituído? Estruturalmente, teríamos uma neurose obsessiva ou uma psicose?

De acordo com alguns autores, a ideia sobrevalorada poderia ser definida como uma convicção errônea, através de uma superestimação afetiva. O erro ocorre em função de uma carga afetiva muito intensa, que influencia o julgamento da realidade, tornando-o pouco racional (Cheniaux, 2005). Tal pensamento pode se apresentar de forma dominante, sem que este constitua um delírio, podendo estar presente inclusive, como explanado por Alvarenga (2019), na neurose obsessiva, em que os sujeitos se identificam e se coletivizam sob certos significantes-mestre que nomeiam modos de gozo sob os quais os sujeitos se alojam, identificando-se a um traço que tampa sua divisão subjetiva e lhes impõe diversas formas de compulsão: amorosa, toxicômana, alimentar, para comprar, endividar-se, etc.

Apesar de muitos clínicos defenderem categoricamente que a neurose obsessiva não existiria na mulher, o que se oporia à possibilidade de Amanda se encaixar nessa estrutura, há aqueles que sustentam que esta é possível no feminino, mas que seria extremamente grave, exigindo o diagnóstico diferencial com a psicose (Alvarenga, 2019).[3] Não raro, encontramos sujeitos psicóticos com ideias obsedantes. Entretanto, estas, via de regra, são sem insights, tem investimento nas palavras em detrimento da coisa e, por fim, tangenciam o delírio (Campos, 2020).

A paixão de Amanda por Thomas encontrava-se ai: na linha que divide, de forma tênue, a ideia sobrevalorada e o delírio, tornando o diagnóstico diferencial entre psicose e neurose algo delicado e instigante. Quando Thomas demonstrava certo interesse pela paciente, entendíamos que ali poderia haver apenas uma ideia sobrevalorada. Entretanto, quando Amanda acreditava que existia amor e interesse de Thomas por ela, mesmo quando ele negava e a ignorava, o delírio erotômano se acendia como uma luz. Dessa forma, nos lançamos no estudo e na supervisão deste caso, que, dentre inúmeros impasses e dificuldades, apresentava essa dúvida diagnóstica.

Nesse ínterim, tivemos acesso à discussão, a partir da contribuição do estruturalismo linguístico de Lacan, donde seus elementos, nos conduziram a entender o caso como um exemplar da psicose. Isso porque, quando Amanda diz que começou a se prostituir on-line ao ser chamada de "vagabunda", ou quando ela se torna anoréxica ao entender que seu namorado a havia trocado por uma mulher mais magra, ela nos demonstra que há uma cola entre o significante e o significado destes signos. Na linguagem psicótica, os fenômenos de desarticulação da cadeia, são inerentes à maneira do psicótico lidar com a linguagem. A palavra do psicótico, não tem mediação. É ao "pé da letra". Aparece em uma total materialidade, de uma forma absoluta e enigmática, onde a palavra e a coisa são uma só, cheia de sentido (Lacan, 1955-56/1997).

Seguindo esse raciocínio, elaborado a partir das vivências de Amanda, começamos a destrinchar o que a paciente desenvolveu com Thomas. É possível perceber que a ideia de Amanda desta relação perpassava o delírio, visto que apresentava alguns dos caracteres externos desse fenômeno, definidos por Jaspers. Amanda possuia convicção extraordinária do sentimento de Thomas por ela, sobre o qual havia impossibilidade de influenciamento, mesmo diante da afirmação de Thomas de que não a ama (Jaspers, 1987).

Todavia, revisitando a psiquiatria clássica, encontramos, naquele definido como "o único Mestre em psiquiatria" de Lacan, iluminação e discernimento, para o exame dos fatos clínicos desenvolvidos por Amanda (Fajnwaks, 2020). Apesar de descrita pela primeira vez por Esquirol como uma "paixão patológica" e definida por Kraepelin como uma subcategoria da paranoia, donde havia a persistência de um sistema delirante de ser amado, coube a Clérambault circunscrever tal condição em suas especificidades clínicas.

Tido como o último dos clássicos franceses, Clérambault definia a condição de Erotomania, como um delírio passional, no qual um estado afetivo intenso, sobre o qual se estruturava uma convicção, se impunha ao espírito do sujeito, acompanhado de emoção vivaz, de modo a orientar toda a atividade psíquica (Doyle, 1955). Distinto do delírio de interpretação, a síndrome passional caracterizava-se por seus mecanismo ideativo sobrevalorado, de base afetiva, marcado pela expansão polarizada e pela hiperestenia (que chega, às vezes, a um comportamento hipomaníaco) que, implicando na vontade, enquanto noção de finalidade, resultava, com veemência, tal qual, um conceito diretor único, em concepções imediatas e completas, bem como num comportamento de reivindicação banal (Clérambault, 1921/1999).

Clérambault (1921/1999) denomina a premissa de base do delírio erotomaníaco como "postulado fundamental", que se organiza a partir da crença de ser o sujeito delirante objeto de amor do outro, ou estar em comunicação amorosa com este. Destaca-se ainda a ideia de personagem e quem foi o primeiro a se apaixonar e o primeiro a tomar as iniciativas (Bechelany, 2013; Oda, 2010) como demonstrado na seguinte afirmação de Amanda: "*Foi ele quem me procurou, me convidando para trabalhar na empresa dele*".

Por vezes, o indivíduo costuma descrever as evidências do amor correspondido por meio de mensagens captadas, comunicação não verbal, ou por meio da acepção autorreferente de falas ou fatos, por vezes singelos, apresentando forte valor afetivo particular ao sujeito.

Como observação preliminar, do ponto de vista psicopatológico, é a certeza do amor que permite fundar a base sobre a qual se edifica o delírio. O Outro pode equivocar-se ou se contradizer, porém, esse não será um ponto suficiente para colocar em questão a certeza do amor (Fajnwaks, 2020). Por essa via analítica, foi possível constatar a inflexão dos sentimentos de Amanda e de suas convicções acerca do valor, recíproco, de seu amor. Mesmo diante das circunstâncias factuais que se estabeleciam antagônicas.

A Erotomania se organiza, em todas as suas formas de desenvolvimento, em concepções primárias: (1) O objeto escolhido quase sempre, de alguma forma, é socialmente superior ao sujeito – Thomas era chefe de Amanda; (2) A iniciativa vem do objeto, como demonstrado na ideia de que Thomas a teria convidado para trabalhar com ele, intencionando ter um relacionamento amoroso; (3) O objeto está livre para consumar esse amor, não havendo outras relações que o impeçam. Nota-se que Amanda aceitou estar em um relacionamento aberto com o objeto de desejo. Posteriormente, não viu problema em estar com Thomas, mesmo este tendo um relacionamento monogâmico com Yara. E, mais a frente, quando Thomas não quis manter a traição, Amanda planejou matar Yara.

Esses postulados desenvolvem-se, à prova dos fatos, em concepções sobre a conduta paradoxal do objeto, a qual se encontra sempre explicada: seja pela indignidade ou pela falta de jeito do sujeito – que não passa de uma cilada da sua convicção –, seja por alguma outra causa, como timidez, dúvida do objeto, influência externa exercendo-se sobre ele e gosto por impor provações ao sujeito (Gasparetto, 2019). Tal ambivalência é demonstrada quando Amanda entende que Thomas mudaria rapidamente de ideia e num estalar de dedos voltaria a ela, e que seria culpa de Yara eles não estarem juntos.

Nesse mesmo sentido, Fanjwaks (2020) diz que o amor na erotomania pode mudar rapidamente para uma certeza de que o Outro a odeia, embora, parecendo odiá-la, na verdade a ama. Ódio ou amor, mas nunca a indiferença: "(...) a ideia de que toda a atenção desse personagem se concentra na pessoa do sujeito". A interpretação de fatos atuais ou passados efetua-se em função dessa premissa fundamental do delírio, interpretação que se traduz em "reações típicas" (perseguição, como as visitas diárias de Amanda às redes sociais de Thomas) e em uma evolução precisa em três fases (estádio de otimismo inicial, estádio subsequente de despeito e de perseguição e, finalmente, um estado de rancor com um esboço de querelância) com um predomínio de sentimentos de orgulho sobre o erotismo (Fajnwaks, 2020).

A erotomania, como descrita até então nessa discussão, é classificada por Clérambault (1921/1999) como "erotomania pura". Esta é caracterizada como aquela na qual não era encontrada alucinações, não levariam à demência, seu tema delirante permaneceria fixo e as passagens pelas fases de esperança, despeito e ódio seriam identificadas (Gasparetto, 2019). Via de regra, quanto maior sua pureza, maior sua intensidade .

Assim como Amanda, pacientes que apresentam a erotomania em sua forma primária, apresentam os demais elementos do estado mental a grosso modo preservados. Inclusive, a forma como se desenvolve o delírio é específica: em vez de interpretações difusas, ocorre a partir de um acontecimento inicial portador de uma carga emocional desproporcional. A partir desse acontecimento, desenvolve-se um delírio que vai se ampliando, decerto, e pode se alimentar de interpretações, mas somente no ângulo aberto pelo acontecimento inicial: delírio *setorizado*, pode-se dizer, e não em rede. Assim selecionados na origem, os elementos do delírio são ainda agrupados de forma concêntrica, organizam-se na forma de bons argumentos e apresentam uma virulência que não conhece aplacamento (Lacan, 1932/1987).

Para tanto, visando identificar as alterações patológicas no discurso do sujeito, Clerambault (1921/1999) nos ensina que não necessitamos de nos ater aos fatos, que o doente sempre pode negar. Devemos, na verdade, nos ater aos pontos de vista do paciente que transparecem nas fórmulas específicas. Para examiná-los, não basta entrevistá-los: é também preciso "acioná-los". É de suma importância conseguir ativar o elemento esperança sempre presente na síndrome erotomaníaca. Ao conversar com Amanda diariamente na enfermaria, esta só se mostrava delirante quando conversávamos sobre Thomas. Outras interpretações de suas vivências não apresentavam alteração do juízo de realidade.

Assim sendo, em síntese, nos parece que o que domina com muita evidência o quadro é o delírio. Delírio entendido como em cunha, sistematizado, passional, com toda acepção que os clássicos deram ao termo. E aqui, a psicose paranoica, em sua vertente erotômana pura, se enquadra dentro dos limites gerais do tema, estabelecendo relações coerentes do delírio com a afetividade do sujeito.

O estudo das estruturas conceituais, revelados pela organização do delírio de nossa paciente, nos permite penetrar em sua natureza. E nesse, encontra-se como objeto, um estado passional completo, interiorizado, no qual o objeto amado (que a ama) se assenta como ídolo e religião. Esse expediente desemboca na atitude de nossa paciente, na qual, o objeto exerce uma autoridade sobre ela. Seja pela perseguição amorosa, ou seja, pela automutilação, diante da frustração amorosa, o caráter passional, guiado pela paixão, determina a razão dos fatos (Lacan, 1932/1987).

Do ponto de vista prático, apesar da convicção na relação amorosa não ser pautada propriamente por um caráter ilógico, a centralidade dos fatos era mantida por uma tenacidade saturada de afetividade. Nesse aspecto fica clarividente, como dado patológico, o grau de adesão subjetiva a uma ideia. Como característica central, podemos afirmar que, apesar de um núcleo compreensível, o fato delirante se estabelece naquilo que o configura como objeto inerte em relação a qualquer retórica. Dessa forma, o fenômeno está fechado a toda composição dialética (Lacan, 1955-56). Assim sendo, nesse enquadramento, a psicose passional é determinada, enquanto núcleo duro, por seu grau de inflexão, como uma concepção precisa e imposta ao juízo. As ações, os desejos e os valores se apresentam estagnados. Por essa perspectiva, podemos dizer que, os fatos lógicos se apresentavam para nossa paciente conduzindo-a na direção de um consentimento, porém, no seu íntimo, não havia assentimento. Ou seja, o "efeito de verdade" para o sujeito alocava-se mais num estado de espírito, do que uma representação segundo a racionalidade (Doyler, 1965; Carvalho; Barros, 2017). Em nossos encontros, por vezes, Amanda demonstrava, espontaneamente, consentir com a situação. Tanto que, procurava estabelecer estratégias que resultassem numa outra razão cognitiva. Porém, o ímpeto de sua adesão subjetiva precipitava o sujeito na direção de uma afirmação, tomada como verdadeira em seu íntimo, e com função estruturante na tendência geral do sujeito.

Por fim, apesar da melhora, notava-se uma cristalização passional, na qual o julgamento era mórbido, em virtude da orientação que lhe impunha a ideologia de base afetiva própria do delírio. O caráter delirante era posto em relevo, na direção de uma exaltação reacional, tal qual uma reação passional, o que, ao nosso entendimento, colocava nossa paciente numa posição vulnerável. À vista disso, a direção do tratamento, no sentido da aposta, numa construção autônoma, naquele momento, não se efetuava operante.

Após ricas discussões com a preceptoria e a supervisão, a entrevista com Amanda se tornou mais proveitosa. Dessa forma, o delírio erotômano tornou-se mais claro. Clerambault (1921/1999)já avisava que "(...) o quadro completo da erotomania não aparece em lugar nenhum" e que "(...) não se pode estabelecer um diagnóstico baseado num único sintoma. Todo sintoma contém margem para erros". Isso deixa o alerta de que a pesquisa, através da construção da biografia do paciente, é de suma importância para que o diagnóstico seja aventado, visando o melhor tratamento, tanto farmacológico quanto psicoterápico.

REFERÊNCIAS BIBLIOGRÁFICAS

ALVARENGA, E. *A neurose obsessiva no feminino*. Belo Horizonte: Relicário Edições, 2019.

BECHELANY, M. Delírios sistematizados: da paranóia de Kraepelin aos delírios passionais em Clerambault, In: OLIVEIRA, R. M. (Org.). *Seminários de Psicopatologia*: da psiquiatria clássica à contemporaneidade. Belo Horizonte: Coopmed, 2013.

DOYLER, Iracy. *Nosologia psiquiátrica*. Rio de Janeiro: Casa do Estudante, 1955.

CAMPOS, S. Neurose obsessiva. In: TEIXEIRA, A.; ROSA, M. (Orgs.). *Psicopatologia lacaniana*: nosologia. Belo Horizonte: Autêntica, 2020.

CHENIAUX, E. Psicopatologia descritiva: existe uma linguagem comum? *Rev. Bras. Psiquiatr.*, v. 2, n. 27, p. 157-62, 2005.

CLÉRAMBAULT, G. Os delírios passionais: erotomania, reivindicação e ciúmes. *Revista Latino Americana de Psicopatologia Fundamental*, v. 2, n. 1, p. 146-155, 1999. (Trabalho originalmente publicado em 1921).

FAJNWAKS, F. Erotomania. In: TEIXEIRA, A.; ROSA, M. (Orgs.). *Psicopatologia lacaniana*: nosologia. Belo Horizonte: Autêntica, 2020.

GASPARETTO, M. *O pensamento psiquiátrico de G. G. de Clérambault*: das psicoses tóxicas ao automatismo mental. Tese (Doutorado em Psicologia), Programa de Pós-Graduação em Psicologia, Universidade Federal de Juiz de Fora, Juiz de Fora, 2019.

JASPERS, K. *Psicopatologia Geral*. Vol. 2. Rio de Janeiro: Livraria Atheneu, 1987.

LACAN, J. *Da psicose paranoica em suas relações com a personalidade*. Rio de Janeiro: Forense Universitária, 1987. (Trabalho originalmente publicado em 1932).

LACAN, J. *O Seminário, livro 3*: As psicoses. Rio de Janeiro: Jorge Zahar, 1997. (Trabalho originalmente publicado em 1955-56)

LACAN, J. *O Seminário, livro 18*: De um discurso que não fosse semblante. Rio de Janeiro: Zahar, 2009. (Texto original publicado em 1971).

ODA, A. A paranoia em 1904: uma etapa na construção nosológica de Emil Kraepelin. *Rev Latinoam Psicopat Fund*, v. 13, n. 2, p. 318-332, 2010.

PSICOSES DE INÍCIO TARDIO E AS CONTRIBUIÇÕES DA PSIQUIATRIA CLÁSSICA: UM RELATO DE CASO SOBRE PARAFRENIA

Marjore Novaes Faria
Maria Clara Soares Silveira Cardoso
Larric Johnny Malacarne
Ana Paula de Alcântara Freitas
Luís Fernando Duarte Couto
Sérgio Passos Ribeiro de Campos

INTRODUÇÃO

O presente estudo tem sua origem atrelada às experiências de profissionais em formação especializada no campo da saúde mental por meio de programas de residência médica e multiprofissional. Com o objetivo de discutir e qualificar as experiências vividas em formação, é elaborado a partir do relato de um caso clínico que colocou inúmeros impasses para a equipe assistencial. Trata-se de um caso que, além de demonstrar psicopatologia singular, colocou a equipe a trabalho. Foram muitos os desafios enfrentados pela equipe na condução do tratamento, desde a precisão diagnóstica, manejo e tentativas de alta hospitalar. Raul, nome fictício pelo qual o paciente aqui será chamado, foi acompanhado em instituição psiquiátrica pela equipe que compõe os autores deste relato, entre os meses de março a agosto de 2018.

DESCRIÇÃO DO CASO

Trata-se de Raul, sexo masculino, um senhor de 64 anos, divorciado, sem filhos, ensino superior completo, desempregado (trabalhou na área da comunicação), natural de município da região metropolitana de Belo Horizonte, encontrava-se sem moradia, autodenominando-se espiritualista e "*médium de berço*".

No início de março de 2018, após período anterior de internação no Centro de Acolhimento a Crise – CAC, enfermaria para internações breves, Raul teve seus cuidados transferidos a esta equipe, pois sua permanência naquela enfermaria havia se estendido demasiadamente.

Em um primeiro contato conosco, Raul se mostrou bastante solícito e atencioso. Contou sua história de forma organizada, mas não muito linear. Disse que sua infância foi tranquila, mas que "pulou" algumas etapas. Os pais já haviam falecido e não soube informar o paradeiro do único irmão. Perguntado se sabia o motivo da internação, afirmou que procurou sozinho o hospital psiquiátrico porque teve um novo "surto" em que ouvia vozes dentro da cabeça dizendo frases destrutivas a seu respeito.

Na época de início dos sintomas (não soube informar exatamente há quanto tempo), o paciente estava em situação de desemprego. As vozes mandaram ele sair da casa alugada em que residia e o conduziram até um hotel. Desde então se encontrava mudando de local de moradia. Recentemente estava num lar para idosos e pagava a estadia em troca de seus serviços na área da comunicação.

Em conversa com equipe e preceptor da residência médica, Raul se mostrou bastante reivindicativo, no sentido de que suas questões sociais fossem resolvidas. Falou que não estava em condições de alta, queixou uma dor de cabeça "*dentro do cérebro*" e relatou que aguardava consulta com neurologista. Não queria mais conversar sobre a sua história de vida, pois já a havia contado por "*12 vezes*" e estava cansado de repetir a mesma história.

Ao exame do estado mental, apresentava aparência descuidada, dentes em péssimo estado de conservação, consciência clara e sem estreitamentos, orientado globalmente, normoproséxico, memória aparentemente preservada, humor tendendo a hipotimia, com afeto síntone, pensamento sem alteração de curso ou forma, conteúdo místico-religioso sobrevalorizado (delírios?), relato de alterações na atividade do Eu, relato de pseudoalucinações. Sem alterações na psicomotricidade. Insight ausente.

Retomando momentos anteriores importantes da passagem de Raul pelo hospital, destaca-se a ocasião de sua chegada e acolhimento, transcrevendo-se a seguir o registro do primeiro atendimento na urgência:

> Encontro paciente em seu leito e o atendo. Logo após o início da entrevista, apresenta sensação premonitória seguida de movimentos estereotipados, mudança da voz e da forma como fala e diz: "*Nós não deixa ele falar, nós estamos interessados em guerra. Nós monitoramos tudo, é segredo de estado. Nós ainda não temos ordens para largar ele. Eu chamo Zincolati*". Refere que esses seres "*controlam todos os aparelhos, notadamente o locomotor, o reprodutor, eu não procuro o sexo feminino e eles vem e me masturbam. Eu alimento sinto sabor e não digere. Tem um fio que passa para lá e para cá*". São espécies de fios invisíveis que queimam e soltam. Segundo o paciente, eles não têm um lugar fixo para se ancorar. "*O sabor eu consigo detectar, mas eu não consigo digerir*".

Na ocasião, a equipe de plantão levantou as seguintes hipóteses diagnósticas: esquizofrenia de início tardio e estado de transe e possessão. Nos dias em que se seguiram ao primeiro atendimento, Raul foi internado no CAC masculino e passou por exames laboratoriais e avaliações para se excluir causas orgânicas de seu quadro. Juntamente com o quadro alucinatório e delirante, queixava cefaleia intensa, em queimação, descrita como uma "*dor na cabeça*", diferente de uma "*dor de cabeça*".

Seu discurso era muito prolixo, loquaz e circunstancial. Certa vez relatou que seu problema era "*ufológico*" e "*espiritual*". Contou que sempre foi fascinado por "ETs" e que teria sido abduzido aos 25 anos. Na ocasião, colocaram um *chip* que controlava seu corpo e sua mente e que o tornara numa espécie de cobaia. Nessa época, viu na mídia um casal que estava convocando pessoas para formar uma comunidade, pois estariam recebendo contatos de um "ET". Relata que permaneceu nessa comunidade alguns anos, até que se desentendeu com os fundadores.

A partir daí passou a receber influência dos "ETs", o que lhe causou diversos problemas pessoais e profissionais ao longo da vida. Percebia os movimentos dos "ETs" em seu corpo inicialmente com "tremores". Por muito tempo não falou a respeito disso para ninguém, pois acreditava que ninguém poderia ajudá-lo. Há alguns anos, teve contato com o psiquiatra Lucas Queiroz (nome fictício) no hospital psiquiátrico em questão, e afirma ter se estabilizado com amitriptilina e clonazepam.

Interrompeu o uso das medicações três meses antes da internação, por influência dos "ETs" e desde então seus sintomas foram "*agudizados*".

Fala que os "ETs" emitem fios no seu cérebro que queimam e doem, e é através deles que falam em sua cabeça e comandam seu corpo. Relata que os "ETs" falam o tempo todo e que cada hora dizem uma coisa: "*você vai morrer, não vai morrer, suicida, não suicida, vai ali, não vai ali...*".

Dizia que a influência dos "ETs" diminuiu desde a sua internação. Porém, à medida que o discurso delirante de Raul ia diminuindo, um comportamento querelante tornava-se mais evidente. A equipe que cuidava do paciente na época se empenhou por trazer respostas às suas inúmeras solicitações, por vezes sem sucesso. Raul queixava falta de ar, dificuldades de fala, insônia, dores musculares, "*desvio do eixo do equilíbrio*" e a dor "*na cabeça*" que não melhorava, apesar das medicações.

Nos últimos dias em que permaneceu no CAC, seu caso foi revisado em equipe e o paciente foi transferido para a enfermaria masculina. Admitido na enfermaria masculina, os autores do presente artigo assumiram seus cuidados, mas as queixas do paciente não mudaram muito. Raul todos os dias encontrava os profissionais no corredor da enfermaria, de maneira cordial, e. a partir de então, começava a discorrer sobre suas "pendências".

Em equipe, começou-se a trabalhar no sentido de conseguir um lugar para Raul morar, bem como um emprego, já que, a despeito da complexidade do seu delírio, o paciente não apresentava perda cognitiva ou de funcionalidade. Surgiram muitas possibilidades de alta para abrigos ou de conseguir um emprego para Raul, porém estas recorrentemente eram frustradas, tanto pelo paciente como pelos próprios entraves sociais do caso. Algumas vezes Raul se mostrava interessado em receber alta e, em outras, fazia movimento de recuo.

Depois de meses de internação, surgiu a oportunidade de Raul ser entrevistado na apresentação de pacientes do hospital. Neste dia, o paciente surpreendeu toda a equipe assistencial com tamanha eloquência ao contar sua história de vida. Relatou tudo com detalhes e descreveu suas experiências com os "ETs", bem como trouxe à tona mais uma vez as vivências delirantes, que até então pareciam já ter desaparecido. Foi um momento muito importante para melhor entender sua história e evolução dos sintomas psiquiátricos.

Na metade de agosto de 2018, Raul finalmente deixou o hospital, encontrou uma nova casa de acolhimento para idosos na qual estruturou um lugar colaborativo e é reconhecido como importante no funcionamento da instituição: ele é a pessoa que recebe os visitantes, lhes apresenta as instalações e todas as tardes organiza atividades recreativas para os outros idosos. Construiu um lugar de pertencimento para si.

DISCUSSÃO

Durante a internação de Raul, muitas foram as hipóteses diagnósticas levantadas a respeito do seu quadro clínico. Seu relato fantástico inicial chamou a atenção num primeiro momento e, posteriormente, outros questionamentos começaram a surgir. O paciente se mostrou bem preservado do ponto de vista cognitivo e afetivo e não manteve seu delírio por muito tempo na enfermaria. Surgiu, então, a hipótese de um tipo de psicose delirante que pudesse aparecer tardiamente e que, de certa forma, mantivesse a cognição e certa funcionalidade do sujeito preservada.

Apesar de descrever vivências de influência corporal agindo sobre suas funções fisiológicas, apresentar movimentos bizarros à admissão, e o relato de vozes que o comandavam, Raul não se enquadrava adequadamente num quadro clássico de esquizofrenia.

Durante a busca por diagnósticos diferenciais que pudessem esclarecer esse caso tão complexo, foram encontradas algumas definições que colaboraram em alguns desses questionamentos.

AS PARAFRENIAS FANTÁSTICAS

Uma descrição de um diagnóstico que mais se assemelhou ao quadro apresentado por Raul foi encontrada na obra de Kraepelin, que descreveu um grupo de psicoses caracterizadas por um trabalho delirante em que se imbricam as atividades alucinatórias e fabulatórias para formar ficções bastante ricas e caóticas sem debilitamento terminal (como o que ocorre na esquizofrenia). Denominou o grupo de psicoses delirantes crônicas de "parafrenias". Dentro desse grupo, encontra-se a parafrenia fantástica, que corresponderia mais ou menos ao delírio de imaginação fantástico, estudado na França por Dupré e outros autores (Bercherie, 1989).

Alguns autores apontam Dupré como o iniciador dos estudos sobre "patologia da imaginação". Em 1910, Dupré, juntamente com seu discípulo, Logre, propuseram a descrição dos "delírios de imaginação", que se baseavam num processo intuitivo e confabulatório, em que o sujeito transportava para o mundo externo suas criações subjetivas, em cuja realidade depositava imediatamente confiança. Esse delírio evoluía de forma muito semelhante ao delírio de interpretação, com ausência de prejuízo cognitivo e com o sujeito criando provas e documentos para exibir suas fabulações (Dupré, 1925). Entretanto, não ocorriam as alucinações, descritas como parte do quadro da parafrenia fantástica de Kraepelin (Bercherie, 1989).

O início da parafrenia fantástica ocorre de forma bastante variável, podendo se desenvolver de forma insidiosa e lenta (por vezes em diversos anos), ou de forma súbita, operando uma espécie de mutação fantástica das relações do delirante com seu mundo (Ey; Bernard; Brisset, 1985). A depressão e a ideação suicida podem ser os primeiros sinais, seguidos do aparecimento insidioso de delírio de perseguição, alucinações auditivas e somáticas, embora, por vezes, também visuais e de ideias de influência.

Havia relatos nos escritos de Kraepelin, de indivíduos que descreviam que seres entram no corpo do doente, sendo frequente a temática sexual expressa de forma bizarra. É característica a extravagância do delírio que pode chegar a envolver outros indivíduos, a própria sociedade e, mesmo, relações entre planetas. Também podem surgir falsas recordações, que mudam com frequencia, sem encadeamento coerente e que ocorrem no momento. Ao mesmo tempo, a atividade delirante pode coexistir com um comportamento sensato e razoável (Santos, 2007).

Em seu período de estado, o delírio fantástico é composto por sintomas variados (alucinações, fabulações, interpretações, intuições delirantes, místicas, de influência, de grandeza etc.). As principais características desses delírios são as seguintes:

1.Pensamento paralógico: a fábula delirante desenvolve-se fora de todas as categorias do entendimento. O espaço e o tempo são adaptados a esta fantasia. A confusão, o absurdo das figuras e as cenas mitológicas são semelhantes às produções míticas e às criações surrealistas. (Ey; Bernard; Brisset, 1985)

2. Megalomania: destacam-se temas de influência, temas de perseguição (por vezes sobrenaturais), as ideias de envenenamento, de transformação de órgãos, de gravidez e de experiência ou de enfeitiçamento. Esses delírios fazem destes doentes (assim como ocorreu com Raul), vítimas acossadas e atormentadas pelos perseguidores incontáveis (no caso, os "ETs"), pelo demônio ou pelas forças do ma. (Ey; Bernard; Brisset, 1985)

3. A primazia da fabulação sobre as alucinações: Esse tipo de delírio geralmente comporta um tipo de atividade alucinatória (automatismo mental, alucinações psíquicas verbais ou visuais, etc.). É através das vozes, comunicações telepáticas, visões ou êxtases, que o doente toma consciência de seu mundo fantástico. Entretanto, normalmente a alucinação cede a vez à fabulação, e é sob a forma de uma produção imaginativa, com ideias floridas, que este delírio é expresso nos escritos e depoimentos desses pacientes (Ey; Bernard; Brisset, 1985). Com o passar dos anos, o delírio tende a se atenuar e se empobrecer. As "criações delirantes" desse grupo tendem a se conservar por um período considerável, serem repetidas e "enfeitadas" posteriormente. No espaço de um ano, podem desaparecer por completo e os pacientes, assim como fez Raul, podem evitar falar ou ouvir sobre elas, dizer que não sabem mais nada a respeito e se tornarem evasivos quanto ao assunto (Bercherie, 1989).

4. A integridade paradoxal da unidade da síntese psíquica: Assim como no caso de Raul, o que mais impressiona nas observações clínicas desses delirantes é o contraste surpreendente entre as concepções paralógicas e a mitologia do delírio, e uma correta (e às vezes perfeita) adaptação à realidade. Os delírios mais fantásticos de catástrofes cósmicas, de acontecimentos fabulosos, não impedem o doente de estar bem inserido na realidade da vida cotidiana. As capacidades intelectuais, a memória, a atividade laborativa e o comportamento social permanecem notavelmente intactos. Para Kraepelin, a ausência de perturbações na volição e a manutenção da racionalidade e do bom senso seriam fatores que tornam o diagnóstico de parafrenia mais provável. (Santos, 2007)

Após uma fase de elaboração ativa, o delírio fantástico fixa-se indefinidamente em seus temas essenciais. Quanto ao prognóstico, as formas expansivas, em que a psicose evolui para surtos com exaltação psíquica e grande fecundidade delirante, têm melhor prognóstico. Já a forma denominada sistemática, tem pior prognóstico, uma vez que a síndrome de automatismo mental persiste durante muito tempo com sua apresentação habitual de sintomas (vozes, eco de pensamento e da leitura, telepatía, etc.), que aparecem ao delirante como fontes de informações sobrenaturais, através das quais ele se mantém a par dos acontecimentos insólitos que pertencem a um mundo incompreensível (Ey; Bernard; Brisset, 1985).

Ao longo do século XX, a parafrenia sofreu um apagamento como entidade nosológica, talvez pelo fato de Kraepelin ter descrito a entidade menos em termos qualitativos do que em termos quantitativos (menor perturbação formal do pensamento e maior preservação do afeto). E em 1911, E. Bleuler (1857-1939) rompeu com esse conceito ao usar a expressão "esquizofrenia", uma vez que deixou de considerar a evolução demencial como requisito para o diagnóstico desta última. Mas, não obstante, admitiu que ao grupo das esquizofrenias, faltava uma unidade etiológica.

Mayer, discípulo de Kraepelin, referiu que mais da metade dos "parafrênicos" de Kraepelin tinham posteriormente evoluído para um quadro de esquizofrenia. Entretanto, os psiquiatras normalmente apontam casos de pacientes que preenchem os critérios positivos das atuais classificações para esquizofrenia, mas que não apresentam o declínio afetivo e cognitivo que a classificação estrita de "demência precoce" exigia.

Sabe-se que, geralmente, na esquizofrenia, o declínio cognitivo tende a ocorrer menos acentuadamente, quando a idade de início é mais tardia (entre outros fatores). Poderíamos então conceber um modelo com duas patologias, uma que se enquadre num transtorno do neurodesenvolvimento, de início insidioso, na juventude, e com maior deterioração; e uma outra entidade mais neurodegenerativa, de início abrupto e mais tardio e com uma maior preservação do sujeito – a parafrenia (Santos, 2007).

Na *Classificação Internacional de Doenças* – CID, o diagnóstico de parafrenia é encontrado até a CID-9, mas com significado diferente daquele proposto originalmente por Kraepelin. Sob influência de autores ingleses, a parafrenia passou a designar pacientes com quadro psicótico de início tardio, geralmente após a sexta década de vida, com ideias delirantes bem estruturadas, alucinações proeminentes e preservação da personalidade e do humor (Salgado; Teixeira Júnior; Rego, 2002).

Já na CID-10, o transtorno chamado de parafrenia (tardia) é apenas citado como integrante dos transtornos delirantes (F22.0). O equivalente à parafrenia (tardia) no *Manual Diagnóstico e Estatístico de Transtornos Mentais* – DSM seria a esquizofrenia de início tardio, que aparece até o DSM-III. No DSM-IV, não há menção à parafrenia (Salgado; Teixeira Júnior; Rego, 2002).

MAIS ALGUMAS HIPÓTESES DIAGNÓSTICAS

Atualmente não se encontra uma descrição tão rica em detalhes sobre as psicoses delirantes crônicas como na psiquiatria clássica. As descrições do delírio de imaginação de Dupré e Logre ou da parafrenia fantástica de Kraepelin correspondem adequadamente ao quadro clínico do paciente deste caso.

O abandono de determinados termos clássicos pode levar ao empobrecimento dos sistemas de classificação, com possíveis repercussões na compreensão da fisiopatologia dos transtornos mentais, assim como no tratamento e no prognóstico destes (Salgado; Teixeira Júnior; Rego, 2002).

Talvez o quadro de Raul poderia ser descrito pelo DSM-5 como um Transtorno Delirante ou, conforme a CID-10, como F22.0, cuja principal característica seria a presença de um ou mais delírios que persistem por pelo menos um mês, quando o quadro não satisfaz os principais critérios para esquizofrenia. Nesse quadro, independentemente do impacto direto dos delírios, os prejuízos no funcionamento psicossocial são menores que os encontrados em outros transtornos psicóticos como a esquizofrenia, e o comportamento não é claramente bizarro ou esquisito.

Ou, ainda, com um relato mais detalhado de sua história por terceiros, o paciente receberia o diagnóstico de esquizofrenia paranoide. Porém, o termo "esquizofrenia" denota um grupo de sub-síndromes clínicas bastante heterogêneas. Mesmo no subtipo paranoide, é possível incluir quadros clínicos bem distintos do presente caso, inclusive sob as perspectivas de terapêutica e de prognóstico (Salgado; Teixeira Júnior; Rego, 2002).

CONSIDERAÇÕES FINAIS

Inúmeros desafios surgiram na condução do caso, a começar pela dúvida diagnóstica, passando pela adesão à medicação, a dificuldade em atender às múltiplas demandas do paciente e as dificuldades institucionais e sociais.

Raul foi por muitos anos tratado como um homem que sofria de transtorno de ansiedade e depressão, em uso de amitriptilina e clonazepam. Quando foi internado no CAC com quadro de alterações da sensopercepção e episódios de autoagressão, foi proposto o uso de antipsicóticos como a clorpromazina, haloperidol, levomepromazina e risperidona. Essas medicações, entretanto, não aparentaram reduzir significativamente os sintomas produtivos do paciente e, por ser aventada a hipótese diagnóstica de um transtorno de personalidade histriônica, a equipe inicialmente optou por suspendê-las.

Quando nossa equipe assumiu o caso na enfermaria, a partir das queixas de alucinações auditivas e visuais do paciente optou-se por reiniciar a risperidona, que, ao longo da internação, mostrou ter um efeito positivo na redução das alucinações e também, de alguma forma, na possibilidade de desinvestir os relatos do paciente sobre seu delírio fantástico. Por outro lado, as medicações, ajustadas de acordo com as queixas de insônia, cefaleia e ansiedade do paciente, produziram um efeito terapêutico compatível com o correto manejo da psicose no sentido do próprio paciente ser o "dono do saber" a respeito do que seria melhor para o seu tratamento (Barreto, 2017).

Por fim, salienta-se que sempre existirão casos clínicos complexos que demandam maior esforço da equipe de saúde mental. Entretanto, a equipe não deve recuar frente a esses desafios, pois há sempre algo a ser feito pelo paciente. No caso de Raul, a escuta longânime de suas demandas, a acolhida diária, a perseverança e o trabalho em conjunto e em parceria institucional em busca de soluções foram essenciais para a sua melhora e sua consequente desospitalização, que ocorreu em agosto de 2018.

REFERÊNCIAS BILIOGRÁFICAS

AMERICAN PSYCHIATRIC ASSOCIATION (APA). *Manual Diagnóstico e Estatístico de Transtornos Mentais - DSM-5*. Porto Alegre: Artmed, 2014.

BARRETO, F. P. *A direção do tratamento do psicótico*. 2017. Disponível em: <http://www.franciscopaesbarreto.com/a-direcao-do-tratamento-do-psicotico/>. Acesso em:10 ago. 2019.

BERCHERIE, P. *Os fundamentos da clínica*: história e estrutura do saber psiquiátrico. Rio de Janeiro: Jorge Zahar, 1989.

DUPRÉ, E. *Pathologie de l'imagination ET de l'emotivité*. Paris: Payot, 1925.

EY, H.; BERNARD, P.; BRISSET, C. *Manual de psiquiatria* São Paulo: Masson, 1985.

ORGANIZAÇÃO MUNDIAL DA SAÚDE. (OMS). *Classificação Estatística Internacional de Doenças e Problemas Relacionados à Saúde - CID-10*. São Paulo: Universidade de São Paulo, 1997.

SALGADO, J.; TEIXEIRA JÚNIOR A. L.; REGO, R. Parafrenia fantástica é esquizofrenia?. *Casos Clínicos em Psiquiatria*, v. 4, p. 27-30, 2002.

SANTOS, N. B. O conceito de parafrenia e a sua actualidade. *Psilogos: Revista do Serviço de Psiquiatria do Hospital Fernando Fonseca*, p. 44-55, 2007.

PSICOSE DELIRANTE CRÔNICA E O CONCEITO DE DELÍRIO A PARTIR DA METAPSICOLOGIA FREUDIANA

Ana Luíza Silva Müller
Rafael Miranda de Oliveira

Há poucos meses da escrita deste relato conheci Vera em uma de suas internações no Instituto Raul Soares – IRS. Diversos foram os motivos que me levaram ao interesse pela sua história. Vera acreditava, de longa data, ser herdeira de uma rica família de sua cidade. Dona de uma sabedoria peculiar, nossa paciente enxergava o mundo com lentes feitas sob medida. A fim de estabelecer um vínculo com a paciente, precisei permitir ser afetada por sua originalidade: Vera trazia consigo a solução e quase ditava o modo com que o seu tratamento deveria caminhar. Certa vez, tomada por uma angústia ao sentir suas construções delirantes esvaírem-se, no contexto do tratamento antipsicótico, implorou, aos prantos: "*Querem que eu esqueça minha herança, mas, se esquecer, eu morrerei, porque é o que me mantém viva!*". Tal relato nos chamou a atenção, e, por meio dele, passamos a pensar seu caso.

Vera tinha 60 anos de idade e vivia em uma cidade do interior de Minas Gerais desde a infância. Solteira e aposentada, morava com o filho Serafim. As lembranças de sua infância são todas carregadas de profunda tristeza e revolta. Marcadas pela péssima relação com a mãe, dizia ser constantemente agredida e insultada. O pai, que veio a óbito ainda em sua infância, era pouco presente em sua narrativa. Referia-se a ele como um homem frágil e que não respondeu às responsabilidades paternas. Dizia: "*Ele morreu por não ter aguentado a vida*".

Na adolescência, obrigada pela mãe, deixou os estudos para trabalhar numa fábrica de tecido. Tal fato gerou profunda revolta em Vera, que tinha nos estudos o seu maior sonho. Gostaria de ter cursado Psicologia. Em vista disso, tornou-se uma adolescente frustrada e arredia ao trabalho.

Segundo seu histórico, o aparente desencadeamento do quadro delirante se deu ainda no início da fase idade adulta, quando até então encontrava-se em meio a um contexto de frustrações e intolerância para com os rumos de sua vida. De acordo com seu relato, na época, quando imersa em orações, recebeu a revelação, através do Salmo 27, de que seu destino seria diferente. As escrituras anunciavam ser ela a reencarnação de Bartolomeu Cavalcanti (nome fictício) e, consequentemente, herdeira de uma grande fortuna. Vera descobriu-se então descendente de uma rica e tradicional família da região, dona da fábrica de tecidos onde trabalhou. Em consequência disso, a paciente passou a requerer os bens materiais pertencentes à referida família.

Após revelação, despertou interesse contumaz pela temática espiritual e suas relações com a mente. Passou a ler diversos livros sobre parapsicologia e religiões. A mãe se irritava com a motivação com que falava sobre o assunto, até que um dia chegou a queimar parte de seus livros.

Aos 28 anos, após uma relação efêmera, engravidou de seu único filho. Nessa época, a fábrica de tecidos já havia fechado e ela mantinha seu sustento como faxineira. Vera seguiu por quase uma década relativamente funcional, apesar de trazer em seu discurso assuntos prevalentes sobre parapsicologia e reencarnação. Com cerca de 40 anos, deixou o trabalho para cuidar do padrasto doente. Dada a situação, Vera passou a conviver mais com sua mãe. Nessa mesma época, imersa em dificuldades financeiras, apesar da pequena ajuda do padrasto, passou de forma mais intensa, e em ato, a requerer sua herança.

Foi nesse contexto que a determinação do delírio passou a dominar seu discurso, sistematizar-se e direcionar, de forma prevalente, os fatos de sua vida e os juízos a ela concernidos. Passou, então, a investigar a família Cavalcanti, sua genealogia, seus bens e seus feitos. Dizia que nas escrituras poderia reaver de forma material sua herança espiritual.

Nessa circunstância, a mãe decidiu levá-la ao Centro de Atenção Psicossocial – CAPS de sua cidade: "*Foi no CAPS que eu iniciei o tratamento pra depressão e fui aposentada invalidez, tenho muita raiva disso porque é uma grande mentira*". Em virtude da revolta, Vera hoje tenta se aposentar por idade, justificando: "*A torcida deles é que eu permaneça louca, se eu passar como louca eu não pego a herança*".

Essa era a terceira internação de Vera no IRS, e, assim como as anteriores, sua internação era motivada pela mesma questão: ao abandonar o tratamento medicamentoso seu comportamento direcionava-se à requerer a herança, produzindo querela e agitação. Exigia de instituições da cidade, como o CAPS, a igreja e a prefeitura, documentos e relatórios reafirmando sua história. Diante de negativas, tornava-se irritada, envolvendo-se em briga com terceiros.

No meu primeiro contato com a paciente, algo de seu aspecto me instigou. De baixa estatura, olhos azuis e profundos, trazia os braços cruzados sobre o tórax, com uma das mãos segurando o queixo. Sua expressão e postura era a de quem analisava desconfiada, e que, acima de tudo, trazia consigo um saber. Talvez essa seja a característica que a defina melhor: a dona do saber.

Já na primeira entrevista, apresentei-me como sua médica e fui recebida de forma não muito amistosa: "*Não preciso de médico, estou bem e quero ir embora*". Vera tinha convicção plena de que nunca esteve doente, alegando que seu problema era de ordem espiritual. Nesse mesmo dia, contou-me que era a reencarnação de Bartolomeu Cavalcanti, membro de uma família rica e poderosa de sua cidade.

Em nossos contatos Vera revelava, num tom de superioridade, seu gosto em estudar psicologia e parapsicologia. Dizia já ter lido muitos livros sobre o assunto e que conhecia muito bem as temáticas sobre a mente. Quando convidada a ir à biblioteca, respondia: "*Pra quê? Já sei de tudo que está nesses livros. Por acaso lá tem livro de psicologia chinesa?*". Certa vez, foi convidada a ser entrevistada pelos alunos da graduação e respondeu: "*Eu não, pra quê? Não irei jogar pérolas aos porcos*".

Ao longo de nossas conversas, Vera foi me explicando sobre a revelação da herança e a necessidade que tinha de reavê-la. Em meio a esses relatos, contava-me sobre aspectos fundamentais de sua realidade marcada pela pobreza e pelo fracasso. Durante as entrevistas mostrava revolta em tomar as medicações, fazendo críticas à indústria farmacêutica e repetindo sua máxima: "*Remédio é só bengala, só Deus pode dar a cura*".

Apenas quando argumentávamos dos benefícios das medicações enquanto aguardava a cura espiritual que ela aceitava tomá-las. Em algumas conversas, dizia ter vontade de ser vereadora, apresentando-me propostas de um projeto pessoal de gestão e críticas à atual situação política de seu município.

Em relação às suas vivências, Vera dizia estar sujeita a vozes internas espirituais. Reforça que não as experienciava no campo externo, como vozes, e explicou serem pensamentos em sua consciência, relativos à dicotomia entre Deus e o Diabo. Na maioria das vezes, o conteúdo das vozes direcionava-se ao delírio central: enquanto Deus a estimulava a reaver a herança, o Diabo era quem se opunha a isso. Deus também era a fonte de inspiração para que escrevesse cartas sobre sua vida, arrumasse a casa e resolvesse os conflitos do cotidiano. O apego a um Deus protetor e organizador, que aparentemente surge na forma de alucinações psíquicas, era relatado como um dos fatores por não aderir ao tratamento farmacológico.

Na história patológica prévia de Vera, afora o tratamento de longa data no CAPS, constam três internações no IRS, sendo a primeira há três anos. Conforme já assinalado, as internações foram motivadas, em sua totalidade, por alterações do comportamento, ao nosso ver, secundárias à ideação delirante. Nos exames admissionais, estão presentes descritores como logorreia, agitação, disforia e alterações do juízo de realidade. Em suas passagens, foram aventados os diagnósticos de esquizofrenia, esquizoafetivo, transtorno afetivo bipolar e histeria.

Cabe ressaltar que, em nossa análise, próximo às definições acerca das psicoses delirantes crônicas, Vera desenvolvera um sistema delirante insidioso e duradouro, com uma conservação da ordem e clareza do pensamento, bem como da vontade e do afeto. As demais alterações psicopatológicas nos pareciam secundárias à vivência delirante, em especial as alterações do humor. Enquanto a cognição de Vera segue preservada, o humor parecia resultado de sua personalidade delirante. Se muito investida no delírio, como no início das internações, o que percebíamos era uma exaltação acompanhada de ideias de grandeza, assemelhando a estados maniformes. Porém, ao reduzir o investimento delirante, desistindo de ir em busca de sua suposta herança, observamos em Vera o desenvolvimento de apatia, anedonia e sentimentos de desesperança.

Em seu histórico farmacológico consta os seguintes tratamentos: haldol, incluindo decanoato de haloperidol, trifluoperazina, quetiapina, ziprasidona, olanzapina, valproato, lítio, fluoxetina e antidepressivos tricíclicos. Em sua maior parte, os tratamentos eram descontinuados devido a vários fatores, entre eles: falha terapêutica, suspensão súbita pela própria paciente, recusa da medicação e queixas de efeitos colaterais comuns ou injustificáveis. Uma queixa frequentemente relatada pela paciente era o fato dos medicamentos "bloquearem sua criatividade".

Ainda em relação ao seu histórico prévio, durante uma das internações foi considerada a proposta de eletroconvulsoterapia (ECT), mas não concretizada. Clozapina também foi iniciada, porém descontinuada em seu seguimento, em virtude do suporte social frágil e da baixa adesão por parte da paciente.

Cabe ressaltar que a refratariedade não ficou clara em seu histórico dada a baixa adesão. De toda forma, após a primeira internação, seguiu-se um período de acompanhamento ambulatorial, onde a paciente permaneceu, por cerca de um ano, com relativa estabilização do quadro clínico em uso de quetiapina 400 mg dia e de forma isolada.

Um dado observado em sua revisão dos prontuários foi a constatação de que, em todas as internações, observa-se um padrão: em geral, poucas semanas após à admissão, marcada por comportamento agitado e produção delirante, seguia-se um período de apatia e hipobulia que culminava com a introdução de antidepressivo.

Ao longo da última internação, após ajustes da medicação antipsicótica, Vera evoluiu com importante hipobulia. Atribuía a falta de vontade de escrever ou de ir às oficinas ao bloqueio de sua comunicação com Deus, provocada pelos medicamentos. Dizia: "*Deus não anda me inspirando, os remédios bloqueiam minha conversa com ele, não consigo rezar assim*". Entremeado ao contexto delirante, afirmava que as medicações apagavam de sua memória a sua história.

Apostando num ajuste fino da medicação, de acordo seu consentimento, e uma estabilização mínima de modo que possibilitasse receber alta, propomos continuar seu acompanhamento em regime ambulatorial, afim de estabelecer uma maior abertura ao manejo transferencial. Vera passou a retornar em consultas semanais nas quais trazia diversas produções, documentos e textos relativos às suas construções delirantes. A abertura para um espaço de subjetividade no qual pudesse colocar em pauta suas construções foi de suma importância para a estabilização, gestão clínica de seu quadro e adesão ao tratamento medicamentoso.

DISCUSSÃO

Logo de início, a dimensão delirante do quadro de Vera nos chamava a atenção. Caracterizado por um delírio insidioso, inabalável e sistematizado, seu quadro contrastava com uma relativa adaptação à realidade. De curso crônico, as alterações ideativas de predominante caráter imaginativo, seguiam mais ou menos pronunciadas. Com períodos de remissões parciais, de modo geral, conservava, até a fase tardia, certa adaptação social.

Entrementes, diante dos fatos da vida, Vera parecia se valer, numa certa medida, de tais construções ideativas. O exame cuidadoso evidenciava uma mentalidade de orientação progressiva à fábula e ao afastamento incessante da experiência vivida. Todavia, seu quadro se instalará sem produzir uma marcada ruptura para com outros campos da realidade. Dessa forma, por muito tempo, manteve-se ativa laboralmente, apesar de já inserida numa organização patológica do ajuizamento (Doyler, 1956; Soria, 2020).

Ademais, apesar do caráter fantástico e extravagante, os conteúdos de seu delírio contrastavam com elementos factuais concatenados à dimensão histórica e cultural de seu meio. Vera vivia numa cidade histórica, marcada por uma longa tradição cultural e político-aristocrata. Nutrida por percepções autorreferentes, toda narrativa era consumada por um ideal próprio que não coadunava com os demais em seu entorno. Tal qual uma defesa, fabulações e falsas recordações eram postas como reorientadores das representações em suas relações sociais (Ey; Bernard; Brisset, 1980)

Isto posto, de antemão, tomamos o recorte da construção delirante como ponto de partida para pensar o caso de Vera. Acreditamos que o conjunto do material se apresenta significativo e demonstrativo do valor clínico de um tipo individualizado, de modo a localizar no delírio, em sua estrutura dinâmica, elemento organizador de toda uma existência. Para tal, elegemos recorrer, como ponto de partida, às formulações conceituais e clínicas acerca da psicopatologia dos delírios, desenvolvidas pelos autores clássicos da psiquiatria. Na sequência, nos dirigirmos aos conceitos inaugurais de Freud acerca do estudo das psicoses, com a intenção de estabelecer interlocuções viáveis de modo a precisar o caso a partir de um julgamento clínico válido em sua aplicação prática.

A delimitação, extensão e equacionamento da problemática ao entorno da matéria dos delírios foi objeto primário de interesse entre diversos dos clássicos da psiquiatria. Situado como elemento central, o delírio é conceituado por Pinel (1975-1826) como uma perversão das funções psíquicas. Esquirol (1772-1840) o descreveu como princípios falsos por meio dos quais os enfermos deduzem erroneamente. Jules Séglas (1856-1939) precisou o delírio como um conjunto de ideias mórbidas assentadas em premissas falsas. Já Falret (1794-1870) evocava, como aspecto central do delírio, a falta de consciência de seu caráter mórbido (Patrício, 2009).

Nesse enquadramento, independentemente de suas formas clínicas, a abordagem do delírio encontra-se subordinada à perspectiva do erro no ajuizar, de modo a prevalecer a concepção de um juízo falseado e incorrigível (Santiago, 2010).

Todavia, a partir de uma perspectiva fenomenológica, Jaspers introduz, na análise estrutural do delírio, um ângulo que vai além da concepção de juízos falsos e irreparáveis. Para o autor, a vivência delirante primária representava, antes de tudo, uma radical e global transformação da consciência de realidade e, consequentemente, da personalidade do enfermo. Como efeito, acrescia, como característica primária, a supressão das relações de sentido em seu encadeamento e vinculações para com da realidade, resultando na incompreensibilidade do conteúdo e na descontinuidade para com os domínios da personalidade em seu caráter histórico-biográfico (Paim, 1993; Lauar, 2013; Carvalho; Barros, 2017). Jaspers afirma que o verdadeiro delírio é um fenômeno primário, no sentido que pressupõe a existência de um *processo*, caracterizado pela inrredutibilidade, impenetrabilidade à análise e incompreensibilidade psicológica (Mello, 1981).

Entretanto, por outra perspectiva, distinta de um caráter processual, o delírio, na condição da psicose delirante crônica, seguia na direção de uma estrutura incorporada à personalidade do enfermo, na qual, antes de tudo, o delírio se desenvolve como "doença da personalidade" (Ey; Bernard; Brisset, 1980). A tese de Kraepelin deduz que o delírio, na paranoia, se deflagra em continuidade à personalidade, acentuando traços próprios do sujeito. Nesse caso, a psicose afeta toda a personalidade, de modo que a realidade se acha pervertida, porém, mantendo uma ordem no pensamento, na ação e na vontade (Kraepelin, 2005; Lacan, 1932/2011).

Compreendido como uma "tendência da personalidade", em Kraepelin e Krafft-Ebbing, o delírio está vinculado e encadeado a personalidade, tal, qual uma hipertrofia do caráter anormal. Contudo, diferente de Krafft-Ebbing, a concepção Kraepeliniana não deixou de progredir no sentido psicogênico. Dotado de um ponto de vista constitucional, o autor não deixa de dar ênfase à "tonalidade fortemente afetiva das experiências vitais na composição do delírio". Por essa perspectiva, a discordância duradoura entre os desejos e a realidade era, para Kraepelin, fonte maior do delírio (Lacan, 1932/2011).

A escola francesa, dotada de um vasto trabalho de circunscrição dos delírios crônicos de evolução sistematizada, também buscou relacionar o desenvolvimento do delírio ao estado anterior da personalidade, por meio de tendências do caráter. Todavia, apesar de uma base caracterológica, a corrente francesa ressaltava a insurgência do delírio como uma reação à certos acontecimentos vitais traumatizantes (Lacan, 1932/2011).

Não obstante, importância facultada ao valor afetivo na regulação dos juízos, figura especialmente na obra de Clérambault. Definido como um delírio passional, para o autor, a interpretação "apaixonada" determina, enquanto agente patogênico, uma distorção do juízo à disposição de uma base afetiva. Sua ocorrência está presente nas circunstâncias da erotomania, celopatia e delírio de reinvindicação (Lacan, 1932/2011).

De igual modo, Bleuler, em sua análise dinâmica, salientou a preponderância do valor afetivo na constituição do delírio. Representante da escola de Zurique, o autor denotava que, invariavelmente, haveria, no cerne da patologia, situações afetivas de alcance vital que, inconciliáveis ou intoleráveis, atingiam moralmente o sujeito, de modo a reagir pela via da doença. O exame rigoroso do delírio mostrava que, sob influências de mecanismos afetivos, os erros do juízo se comportavam como resistências às funções lógicas, resultante do intento em excluir, da consciência, uma representação insuportável. Com isso, o enfermo rejeitava a realidade, donde o delírio de perseguição insurgia como projeção a terceiros de sua condição desfavorável, ou o sujeito delirante seguia, na direção da realização dos desejos, por uma via megalomaníaca (Lacan, 1932/2011; Bercherie, 1980).

De natureza igual, o caráter reacional, na qualidade delirante, frente às vivências carregadas afetivamente, foi situado com rigor, a partir dos trabalhos de Kretschmer (1888-1964), especialmente em sua obra "*O delírio sensitivo de referência*" (1918). Para o autor, o delírio, na paranoia sensitiva, é compreendido como uma reação da personalidade à situações vitais. Nesse contexto, o desencadeamento é determinado por uma experiência chave que estava ligada à conflitos éticos, morais e sexuais. Para Kretschmer, o núcleo do quadro mórbido é um delírio de relação concêntrico, fundado numa base afetiva, a partir da qual, em geral, formava o centro da temática delirante (Bercherie, 1980; Kretschmer, 1959; Lacan, 1932/2011).

Em ambas perspectivas tratadas, até então, em nosso recorte clínico, prevalecem aspectos psicodinâmicos que visam estabelecer, a partir do desencadeamento e desenvolvimento do delírio, uma relação de continuidade com a vida mental do sujeito. Enquanto determinação, encontramos ainda a experiência vivida e o meio. Expusemos resumidamente os dados dessa temática por possibilitarem, no exame de nosso caso, uma apreciação dos fatos clínicos justificados por uma causalidade do sujeito.

Em nosso caso, apesar dos fatores puramente biológicos que nela intervêm, nos parece que, o desencadeamento e evolução de sua condição de enfermidade são determinados pelo conjunto de fatores inscritos na sua história e que nos revelam mecanismos psicodinâmicos apreciáveis.

Em verdade, o delírio imaginativo, de caráter sistematizado, identificável em parte como de reivindicação, manifesta-se sobre um fundo de personalidade e frustrações com valor de conflitos vitais típicos. Embora, não aprofundemos na discussão pertinente acerca do *processo* ou *desenvolvimento*, como último de nossa análise, não é de nossa intenção reduzir a psicose como uma reação pura da personalidade, tal qual a proposição de Jaspers, caracterizada pela inserção em um desenvolvimento psicológico compreensível. Aqui pretendemos apenas lançar luz naquilo que as tensões próprias, nas relações com o meio social, representam no desenvolvimento do delírio, com o intento de isolar, de acordo com os autores empenhados, os traços psicogênicos próprios aos fenômenos em sua dinâmica global.

Por fim, seguimos na direção de Freud, com o propósito de analisar o delírio, em nosso caso, naquilo que permanece enquanto um fato concernido ao sujeito.

Interlocutor de Bleuler, contemporâneo de Kraepelin e alvo de críticas por parte de Jaspers, Freud, apesar de edificar seu sistema de pensamento a partir do estudo da neurose, ainda no início de sua composição teórica estabeleceu importantes aportes conceituais acerca das psicoses e da dinâmica do delírio.

Em suas primeiras elaborações relativas ao exame das psicoses, o delírio é entendido por Freud como uma tentativa de cura, consequência da batalha do Eu contra uma dor insuportável. Os fenômenos psicóticos, portanto, são compreendidos como um mecanismo de defesa, uma tentativa de preservação do Eu, que tenta se livrar de uma representação impossível de ser assimilada e que ameaça sua integridade (Freud, 1894/1969; Jesuíno, 2009; Briggs; Rinaldi, 2014).

Para Freud, o delírio seria uma forma peculiar de reação às circunstâncias de frustração da vida. Quando uma representação incompatível ou uma fantasia de desejo eram rejeitadas, surgia um desligamento entre libido do eu e objeto, fato comum entre as neuropsicoses de defesa. Porém, no delírio a libido permaneceria em sua feição narcísica, e formava um "substituto" sem estabelecer vínculos com o mundo externo. Dessa maneira, não haveria conversão em libido de objeto, ela mantinha-se narcísica, ou seja, a libido retornava para o Eu (Jesuíno, 2009).

Como descrito por Freud em seu trabalho "*As neuropsicoses de defesa*" (1894), na psicose o Eu se desprende da representação inconciliável, mas como essa está inseparavelmente ligada a um fragmento da realidade, o Eu, ao praticar esse ato, separa-se também, inteiramente ou em parte, da realidade. Portanto, o delírio seria uma forma de substituição da realidade por outra. Para o autor, a formação delirante seria uma tentativa de cura, de restabelecimento, um processo de reconstrução (Jesuíno, 2009; Briggs; Rinaldi, 2014).

Antes do desencadeamento de sua psicose, Vera pedia a Deus explicações para sua pobreza, para impossibilidade de estudar e para tamanho sofrimento diante de sua terrível mãe. Foi nesse contexto que adveio o delírio, como possível substituto do insuportável. Agora, trata-se não mais da pobre Vera, mas sim da herdeira injustiçada que deverá correr atrás da riqueza material oriunda de um direito espiritual. Como ilustrado por Freud, a história criada por ela parecia se constituir um remendo no lugar em que originalmente uma fenda apareceu na relação do ego com o mundo externo (Jesuíno, 2009; Briggs; Rinaldi, 2014). Na psicose, a perda da realidade é ponto fundamental. Em um primeiro momento, a realidade é colocada de lado. Posteriormente, segue-se um esforço de criação de uma nova realidade, menos ameaçadora. Ou seja, tem início a reconstrução da parte da realidade a que se negou investimento (Jesuíno, 2009).

Anteriormente, Vera encontrava-se sozinha em um mundo ameaçador, em que não havia investimento libidinal algum, nem nela mesmo, nem nos outros. Estava presa a uma existência intolerável, em que predominava o desamparo, o fracasso, a falta de laços amorosos. Após o desapontar do delírio, ainda temos uma Vera solitária, fora do laço social. Porém, está em andamento a construção de um mundo menos ameaçador, em que ela investe toda sua libido em si mesma. Tem início a megalomania, que figura, em sua vigência, numa certa medida, como uma forma de existir no mundo. Vera se dizia dona de uma sabedoria única, mostrava conhecimento, ressaltando sua inteligência diante dos pobres familiares.

Porém, essa nova significação também a exclui porque não é compartilhada. O que temos é uma grande contradição. Ao mesmo tempo que cura, exclui, leva à internação, dificulta a interação social e o convívio familiar. O delírio parece surgir para dar significação à falta de sentido inicial. Contudo, mesmo que o delírio seja fator de alguma estabilização, ainda é uma construção imaginária, de equilíbrio precário, por isso tem sempre que sustentar uma certeza inabalável. Para o psicótico não se trata simplesmente de compreender, mas de compreender tudo (Quinet, 1997; Barreto, 2017). Essa seria a única solução. Vera rompia com qualquer contexto no qual percebia uma faísca de dúvida, ou interpretava os fatos de maneira delirante e somava elementos para trazer mais certeza ao delírio inicial, tornava-se persecutória com qualquer um que ousava colocar em cheque a veracidade de sua história.

De fato, o delírio de nossa paciente a colocava em ação, tinha alguma função estabilizadora; entretanto, ao mover-se apenas em direção a ele, Vera acaba por invadir a casa da família Cavalcanti, mantendo brigas constantes com a família e com a sociedade, o que era motivo de internações. Qual a distância ideal entre Vera e o delírio? Muitas dúvidas foram surgindo diante do acompanhamento da paciente. Além disso, como garantir sua adesão às medicações prescritas? Eram muitas as queixas de Vera diante das medicações: "*bloqueiam minha criatividade*", "*os remédios tiram minha comunicação com Deus*", "*eles me ressecam por dentro*". Sem a pretensão de chegar a uma conclusão imutável e totalizadora, mantive o acompanhamento de Vera.

Foi valendo-me das experiências dos primeiros meses de residência, em que percebia uma postura especial dos meus primeiros preceptores para com os pacientes psicóticos, que conduzi os encontros com a paciente. Era preciso situar o saber do lado da paciente ou, dito de outro modo, admitir que ela sabia seu caminho ou que seria capaz de construí-lo.

Lacan, em seus constructos teóricos, discorre sobre alguns meios ou formas de estabilização da psicose, entre elas: a passagem ao ato, a escrita e a metáfora delirante. Todas são soluções autoconstruídas. Dessa forma, a resposta estaria com o próprio sujeito psicótico. Tal resposta constitui uma significação, como a ideia delirante que ele leva ao profissional para fazer com que esse testemunhe ou reafirme. Cabe ressaltar que, em oposição às neuroses, aqui não há espaço para interpretação, que inclusive pode ser prejudicial, desencadeando uma psicose ordinária ou desestabilizando uma já desencadeada. Conforme Barreto (2017), em vez de interpretação, se faz necessária uma construção.

O delírio de Vera representa o esforço de tratar a falha aberta entre o sujeito com seu mundo, delimitando o gozo absoluto que a invade e restabelecendo a sua relação com a realidade (Quinet, 1997; Barreto, 2010). É nesse momento que todo o sentimento de invasão passa a ser explicado a partir de seu delírio. Os moradores da cidade a perseguem para que não consiga sua herança, sua família tem inveja por ser a mais sábia, a dona de toda a verdade. Acredita que a família Cavalcanti articula com várias instituições (prefeitura, judiciário, igreja) para prejudicá-la a conseguir os bens de Bartolomeu. A história criada pelo delírio explica toda invasão do Outro, cria nomes, personagens, exercem uma função estabilizadora diante de uma angústia antes insuportável. O delírio de Vera é parte de sua história, a localiza no mundo e explica o motivo de ela ser tão visada: querem impedi-la de ter acesso à sua herança.

Entender a tentativa de cura que representa o delírio de Vera foi de valia durante seu acompanhamento. Mas, além dessa solução, que não é livre de consequências, a paciente também apontava outras saídas. Durante a internação, escrevia cartas que traziam mais de seu mundo para além do delírio, escrever parecia ter uma função estabilizadora. Falava de seu interesse pelas palavras, contava com orgulho de alguns significados que encontrou para algumas delas: "*Ansiedade é o desejo que passa do ponto*", ou "*Depressão é a dor moral*". Ao notar o interesse da equipe no seu discurso, ficava mais motivada, trazia livros à consulta, declamava poesias, falava sobre seu interesse no significado das palavras, escrevia e nos entregava cartas com temas voltados ao delírio e por vezes, à sua dura realidade.

Vera nunca faltou às consultas, parece aderir às medicações e evita pedir a mim qualquer relatório que comprove ser dona da herança. Certo dia, confessou, com ironia: "*Só tomo remédio para poder vir aqui e ser ouvida*". Vera ensinou, através da experiência de nossos encontros, a enfrentar a angústia de lidar com a dúvida. Enfrentar o novo, o que necessita ser construído e não cabe em fórmulas ou conceitos estruturados, foi e continua sendo sua maior lição.

Em conclusão, tivemos como intenção lançar luz sobre o exame clínico dos delírios, por meio de um estudo de caso, com a intenção de apontar seu valor científico e metodológico. Em contraponto à objetivação psicopatológica contemporânea, acreditamos que as transformações delirantes requerem investigação direta acerca de sua experiência, seus conteúdos e suas relações com o sujeito, tendo como resultante elementos de valor para o manejo clínico e direção do tratamento para com pacientes psicóticos.

REFERÊNCIAS BIBLIOGRÁFICAS

BARRETO, F. P. *Psicanálise e Psiquiatria*: aproximações. Belo Horizonte: CRV, 2017.

BARRETO, F. P. *Ensaios de psicanálise e saúde mental*. Belo Horizonte: Scriptum, 2010.

BLEULER, E. Dementia praecox ou grupo das esquizofrenias. Lisboa: CLIMEPSI, 2005.

BRIGGS, R.; RINALDI, D. O sujeito psicótico e a função do delírio. *Revista Latinoamericana de Psicopatologia Fundamental*, p. 416-430, 2014.

CARVALHO, F. F; BARROS, R, do R. Semiologia do pensamento e da linguagem: do juízo de realidade ao delirio universal. In: TEIXEIRA, A.; CALDAS, H. (Org.). *Psicopatologia lacaniana*: semiologia. Belo Horizonte: Scriptum, 2017.

CONRAD, K. *La esquizofrenia incipiente*. Madrid: Alambra S. A, 1963.

DOYLER, I. *Nosologia psiquiátrica*. Rio de Janeiro: Francisco S. A, 1959.

EY, H.; BERNARD, P.; BRISSET, C. *Manual de psiquiatria*. Rio de Janeiro: Atheneu, 1980.

FREUD, S. As neuropsicoses de defesa. In: *Edição Standard das Obras Completas de Sigmund Freud*. Rio de Janeiro: Imago, Vol. III, 1969. (Trabalho originalmente publicado em 1894)

JESUÍNO, F. *O delírio segundo Freud e Jung*. Fortaleza: UFC, 2009.

KRAEPELIN, E. *A demencia precoce*: parafrenias. Lisboa: Climepsi, 2005.

KRETSCHMER, E. *O delirio sensitivo*. Madrid: Labor S. A., 1959.

LACAN, J. *Da psicose paranoica em suas relações com a personalidade*. 2. ed. Rio de Janeiro: Forense Universitária, 2011. (Trabalho originalmente publicado em 1932).

LAUAR, H. Introdução ao estudo fenomenológico dos delírios: relendo Jaspers. In: Oliveira, R. et al. *Seminários em psicopatologia*: da psiquiatria clássica à contemporaneidade. Belo Horizonte: COOPMED, 2013.

PAIM, I. *História da psicopatologia*. São Paulo: EPU, 1993.

PATRÍCIO, O. A. La mente delirante: psicopatologia del delírio. *Rev. Chilena de Neuropsiquiatria*, v. 47, n. 1, p. 67-85, 2009.

QUINET, A. *Clínica da psicose*. Rio de Janeiro: Fator, 1997.

SANTIAGO, J. Do delírio primário ao delírio generalizado. In: BATISTA, M. C. D; LAIA, S. (Org.). *Todo mundo delira*. Belo Horizonte: Scriptum, 2010.

SORIA, N. A parafrenia: uma doença da mentalidade. In: TEIXEIRA, A.; ROSA, M. *Psicopatologia lacaniana*: nosologia. Belo Horizonte: Scriptum, 2020.

PSICOSE ORDINÁRIA: UMA LEITURA A PARTIR DA CLÍNICA BORROMEANA DE JACQUES LACAN

Marconi Martins da Costa Guedes

1. INTRODUÇÃO

A partir da década de 70, Jacques Lacan empreendeu a abordagem da clínica no interior do paradigma da chamada clínica borromeana. Tal paradigma parte do pressuposto de que a experiência humana se estrutura em referência a três registros psíquicos – o Real, o Simbólico e o Imaginário – e que o sujeito precisa manter esses três registros juntos, amarrados, encontrando uma medida comum para tal para fazê-la consistir em suas três dimensões. Lacan lança mão do chamado *nó borromeano* como recurso usado para enodar esses três registros e dessa forma garantir que o sujeito se sustente na realidade do discurso, criando e mantendo assim o laço social com os demais ao seu entorno.

De acordo com Lacan (1975-76/2007, p. 36), o caráter fundamental dessa utilização do nó é "(...) ilustrar a triplicidade que resulta de uma consistência que só é afetada pelo imaginário, de um furo como fundamental proveniente do simbólico, e de uma ex-sistência que, por sua vez, pertence ao real e é inclusive sua característica fundamental". De acordo com o argumento de Lacan, os três registros são equivalentes entre si e para manterem-se juntos seria preciso um quarto elemento para promover o enodamento, introduzindo aqui a noção de *sinthoma*. Nesse mesmo texto, Lacan (1975-76/2007, p. 50) afirma que

> (...) é sempre em três suportes, que nesse caso chamaremos de subjetivos, isto é, pessoais, que um quarto vai se apoiar. Se vocês se lembrarem do modo com que introduzi esse quarto elemento em relação aos três elementos, cada um deles supostamente constituindo alguma coisa de pessoal, o quarto será o que enuncio este ano como o *sinthoma*.

Nesse modelo clínico, o Nome-do-Pai, formulação importante na teorização lacaniana, se constitui apenas como mais uma forma de *sinthoma*, um modo de fazer sustentar junto o Real, o Simbólico e o Imaginário. Se, em sua clínica estruturalista, Lacan articula o mecanismo fundante da psicose a uma operação significante, uma operação simbólica, que ocorre no nível da linguagem – a foraclusão do significante Nome-do-Pai –, nessa proposta, o foracluído da psicose ganha novo nome à medida que a hegemonia do Nome-do-Pai vai perdendo seu vigor. Sua potência simbólica ordenadora cede lugar à pluralidade de soluções às quais o sujeito pode recorrer, lançando mão de diferentes artifícios.

A partir destas novas teorizações, cada um terá que criar uma solução única capaz de atar os três registros, Real, Simbólico e Imaginário, caso ocorra uma falha ou erro nessa amarração. "Trata-se de fazer o que, pela primeira vez, defini como *sinthoma*. Trata-se de alguma coisa que permite ao simbólico, ao imaginário e ao real continuarem juntos, ainda que, devido a dois erros, nenhum mais segure o outro" (Lacan, 1975-76/2007, p. 91).

Dentro desta perspectiva clínica, introduziremos aqui um caso clínico atendido em um serviço de urgência psiquiátrica no município de Belo Horizonte, a fim de problematizarmos a extensão dessa leitura clínica e as possibilidades inauguradas por ela na condução do tratamento.

2. O CASO RAUL

Raul é um homem de 48 anos, solteiro, sem filhos, que reside em Belo Horizonte, em companhia da mãe e de uma irmã. É o filho caçula de uma família numerosa de nove irmãos. Sua mãe, já idosa, devota sua vida a cuidar dos filhos *"que têm problemas"*, como ela mesma diz, referindo-se ao próprio Raul e à outra filha que, no seu dizer, *"tem uma depressão grave"*. O pai de Raul, também já muito idoso, preferiu sair de casa e ir morar sozinho em um sítio no interior de Minas Gerais. "*Ele foi pra roça para ficar livre das confusões lá de casa*", diz a mãe de Raul.

Ao referir-se ao seu pai, Raul conta que sua relação com o mesmo sempre foi distante, "*nula*"; diz não ter nenhum "*afeto*" pelo mesmo, desde sempre. "*Eu nunca consegui gostar ou odiar o meu pai, não sinto nada por ele. Ele é nulo, sempre foi ausente para mim, não conto com ele para nada. Hoje ele mora num sítio, longe de tudo. Ele fica lá, nós aqui. Minha mãe e ele ainda são casados, ela às vezes vai lá, mas prefere ficar aqui cuidando de minha irmã e de mim, pois temos problemas. Minha mãe preferiu ficar comigo. Ela é minha parceira. Eu quase não tenho mais contato com meu pai*".

Recebo o paciente para atendimento na enfermaria da instituição onde estava internado em razão do uso abusivo de drogas. São inúmeras as suas passagens por essa instituição e por outros serviços de saúde mental da cidade de Belo Horizonte: Centro de Referência em Saúde Mental Álcool e Drogas – CERSAM-AD, Centro Mineiro de Toxicomania – CMT e Hospital André Luiz. Também é comum sua permanência em algumas comunidades terapêuticas da região metropolitana de Belo Horizonte e pelo interior de Minas Gerais. A busca por tratamento para sua "dependência de drogas" começou muito cedo, sendo grande parte desses tratamentos providenciados pela mãe. Algumas das suas internações foram realizadas de forma involuntária, demandadas por seus familiares. Outras se deram de forma compulsória, a partir de pedidos da mãe feitos ao poder judiciário para internação, frente ao seu confesso desespero ao ver o seu filho já morando nas ruas, em intenso uso de drogas.

No primeiro atendimento, Raul apresenta-se cordialmente, muito emagrecido, falando em tom muito baixo. Quando pergunto o porquê da sua internação, logo fala dos motivos que sempre o têm levado ao hospital: "*mais uma vez eu recaí na droga, fiquei pelas ruas, e aí minha mãe me encontrou e me trouxe para cá*". Ao longo desse primeiro atendimento, Raul traz um dado importante, quando revela a sua posição de "dependência" em relação a duas situações: "*para ser sincero, eu te falo que é difícil deixar a droga porque há muito tempo eu sou dependente. Eu tenho duas dependências em minha vida: uma é a droga, a outra é o sexo*".

Quanto às drogas, diz que começou a usá-las muito cedo, iniciando pela maconha quando tinha por volta dos doze anos. Aos 18 anos conheceu a cocaína, droga esta que usou até em torno dos trinta anos, momento em que conheceu o crack, sendo esta sua droga eleita nos últimos 18 anos. Destaca a sua fidelidade a uma só droga dizendo: *"Nunca usei mais de uma droga ao mesmo tempo, ou era maconha, ou cocaína, ou o crack"*.

Quanto ao sexo, diz ser este seu "*grande vício*". Ao falar sobre sua vida sexual, começa contando-me uma cena infantil que nomeia como "*minha iniciação sexual*", que aconteceu anteriormente ao início do uso das drogas. *"Quando eu tinha oito anos de idade um homem conhecido de minha família me levou para o mato e me iniciou. Ele tinha uns 16 anos ou pouco mais na época. Começou assim a minha vida sexual. Fui iniciado nesta vida muito cedo. Sou homossexual, nunca tive relação com uma mulher"*.

Não traz mais detalhes sobre essa sua vivência, mas diz que foi a partir daí que passou a existir sua compulsão por sexo. *"A melhor fase da minha vida foi o início da minha adolescência, porque nesta época eu 'ficava' com quem eu queria. Imagina, eu novinho, todo mundo me queria. Depois fui ficando mais velho, comecei a me prostituir. Já não tinha mais sexo na hora que eu desejava. Foi aí que comecei a usar as drogas pra valer"*.

Localiza o início de sua vida de "prostituição" aos dezesseis anos, momento em que deixou de estudar para fazer programas. Realizou seus estudos até o segundo ano do ensino médio, mas não o concluiu em razão do que chama sua *vida noturna*. *"Eu falava para minha mãe que ia estudar, mas eu ia fazer meus programas. Foi neste momento que conheci a cocaína. Meti a cara na droga pra valer. Daí a pouco, já estava fazendo programas só para manter o meu vício, e numa depressão profunda"*.

É nesse momento que Raul traz outro dado muito significativo: menciona a sua "*depressão*" como algo que sempre o acompanhou. Diz que "*desde sempre*" foi deprimido, muito triste, localizando o começo de tal sentimento no início da adolescência. Nos atendimentos, não conseguia falar um pouco mais do que sentia, dizendo apenas de certo vazio. *"Para falar a verdade, acho que meu problema mesmo é a depressão. Eu sempre tive depressão e ela puxou tudo. Acho que eu busquei a droga para fugir desta minha tristeza. Eu sempre fui triste. Não sei o porquê, mas sempre fui assim, um vazio por dentro. Descobri que o sexo e a droga eram minha tentativa de sair dessa vida de depressão".*

Em um determinado período de sua vida, Raul tentou se estabelecer no Rio de Janeiro. Conheceu um rapaz e foi morar com o mesmo naquela cidade. Lá, passou a trabalhar em um comércio de semijoias. Com esse rapaz teve uma relação que nomeia como "*estável*", pois durou cerca de doze anos. "*Fiquei com ele doze anos numa relação estável, mas confesso que era só carnal. A gente chegou a ir pra cama com mais um tanto de gente, uma promiscuidade só. A gente brigava muito. Ele me batia, me traía, e eu também o traía. Acabou que não deu certo*".

Após o término dessa relação, Raul retornou a Belo Horizonte e passou a trabalhar com jardinagem. Tentou estabelecer-se nessa profissão, fez curso de paisagismo e, de certa forma, conseguiu certo êxito neste segmento durante alguns meses, no qual passou a ser reconhecido como "*Raul da jardinagem*", além de também tentar vender suas semijoias.

Diz que esse foi um bom momento em sua vida, pois havia conseguido juntar algum dinheiro no Rio de Janeiro e com isso conseguiu pagar seu curso de jardinagem e comprar algumas ferramentas necessárias para esta profissão, além de continuar vendendo suas semijoias.

Entretanto, revela que suas compulsões por sexo e drogas se mantiveram intactas, o que não o deixou afastar-se "da vida das ruas". Sempre buscava alguém para se relacionar sexualmente, fazendo seus "programas" à noite. Quando não os conseguia, passava a oferecer-se sexualmente para obter satisfação sexual e qualquer quantidade de drogas. Nesse período o uso de crack se estabeleceu. Raul revela que pouco a pouco foi deixando tudo para trás: a venda de semijoias, os trabalhos com jardinagem. Após a perda do seu lugar no mundo do trabalho, a prostituição tornou-se para Raul a única forma de conseguir qualquer quantidade de pedra de crack para satisfazer seu vício.

Com o aumento da compulsão pela droga, passou a permitir que outros usuários usassem a sua casa como ponto de uso e tráfico de drogas, tudo isso em troca de qualquer quantidade da substância. Entrou em conflito com a mãe, que teve que se mudar de sua própria residência, local que virou, no seu dizer, "*uma cracolândia*". Sem o controle da mãe sobre seus atos, Raul passou a vender tudo que pôde dessa casa para comprar drogas. *"Até mesmo o marco das portas e o vaso sanitário ele vendeu"*, diz a mãe. Foi nesse mesmo período que Raul descobriu que era portador do vírus HIV. *"Contraí o HIV em razão dos meus hábitos sexuais, porque eu não me precavia"*.

A mãe de Raul relata que nesse período os vínculos familiares entre o filho e o restante dos seus irmãos se desfizeram por completo. *"Ficaram revoltados com o que ele fazia, com a situação em que ele estava me colocando. Eu tive que sair da minha casa e ir morar de favor na casa de amigos"*, diz a mãe. A mãe também se queixa da postura agressiva do filho quando este estava sob efeito das substâncias. Em tentativa desesperada, certa vez a mãe recorreu à Promotoria da Saúde, Órgão do Ministério Público, pedindo a internação compulsória de Raul em hospital psiquiátrico. Tal pedido foi aceito e o paciente permaneceu internado por alguns meses, mas logo Raul fugiu do hospital. Disse posteriormente para a equipe que o assistia, quando retornou ao hospital para uma segunda internação, que preferiu se tratar em uma comunidade terapêutica já conhecida. *"Foi lá que eu consegui ficar o maior tempo em abstinência da droga, cerca de dois anos. Lá eu fiquei sem drogas sim, mas minha depressão piorou. Ela nunca passa. Mas lá eu aprendi muita coisa"*.

Em outro atendimento Raul conta-me que suas recaídas na droga estavam muitas vezes relacionadas "*à minha dependência de sexo*", porque na maioria das vezes, procurava compulsivamente pessoas para se relacionar sexualmente, e que parte dessas pessoas eram usuários de drogas. Nesse mesmo atendimento, queixa-se de sua depressão, do sentimento de grande "*ansiedade*", "*vazio no peito*", e de "*falta de sono*" quando lhe falta a droga. *"Sou um sujeito amarrado no sexo e na droga. Sem o sexo e sem a droga eu me sinto muito mal"*.

Ainda sobre sua vida sexual, conta-me alguns episódios em que colocava seu corpo em situações de extrema violência, sem se importar muito com isso: muitas vezes fora espancado, violentado sexualmente. Dentre tais situações, relata um acontecimento em que um travesti investiu contra ele após um desentendimento, espancando-o e ferindo-o na cabeça com o salto do seu sapato, ferimento que, segundo ele, resultou na perda parcial do movimento de uma das mãos.

Outro fator que merece destaque nos contatos realizados com Raul é que, ao tentar me transmitir a sua história de vida, não conseguia falar muito de si, limitando-se ao relato do que nomeava como sua "*dependência do sexo e da droga*", assim como da sua "depressão". Sempre voltava a dizer que ficar sem o sexo e sem a droga o deixava muito mal, mas não conseguia traduzir simbolicamente esse "mal" do qual dizia padecer. Sempre trazia em sua fala um roteiro repetitivo e estereotipado em torno do saber sobre as drogas: repetia lições do Narcóticos Anônimos – NA, os "12 passos", ou alguns ensinamentos aprendidos em grupos de autoajuda, a partir de situações vividas em comunidades terapêuticas por onde passou. Ele me trazia tudo isso de forma vaga, sem muito se implicar no que estava dizendo, apresentando uma baixa capacidade de subjetivação ou retificação subjetiva diante de algumas intervenções. Sempre repetia algumas "parábolas" que conhecia, e muitas vezes me pedia para baixar na internet alguns desses textos, cujo conteúdo já sabia de memória. Também sempre andava com livros de autoajuda embaixo do braço, dizendo que ali encontrava ensinamentos para a vida e para enfrentar sua doença: "*Eu sou dependente de drogas e de sexo, mas eu também tenho certeza que eu tenho depressão. Esse livro tem alguns ensinamentos que me ajudam*".

No último atendimento realizado, Raul chegou me contando que havia recebido alta hospitalar e que sua mãe iria levá-lo para o sítio onde vivia o seu pai. "*Eu achei bom por um lado, porque não posso voltar para meu bairro, em meio às pessoas que vão me oferecer drogas. Se eu quero me recuperar, preciso sair deste ambiente*". Por outro lado, isso trouxe a apreensão de como seria viver em um ambiente isolado, junto com o seu pai, uma figura que nunca fora presente em sua vida. Disse-me que tentaria refazer seu laço com o trabalho de jardinagem, que faria alguns canteiros e que plantaria algumas sementes, já que estava indo para um sítio. Digo a ele que gostaria de continuar mantendo o nosso contato, e lhe dei o telefone do hospital. Após alguns dias, Raul me ligou e disse que estava em Belo Horizonte novamente, pois veio acompanhado de sua mãe para uma consulta. "*Eu preciso te contar uma coisa. Eu estou conseguindo ficar sem a droga, mas enganei minha mãe e usei o dinheiro dela para fazer sexo. Procurei um garoto de programa. Eu precisava me descarregar*". Peço a ele que volte a me telefonar assim que julgar necessário, mas após este último contato, não mais me ligou e nem obtive notícias suas.

3. A CLÍNICA DA PSICOSE ORDINÁRIA COMO UMA CLÍNICA DAS SUPLÊNCIAS REFERIDAS AO NÓ

A partir das elaborações lacanianas pós anos 1970, a psicose passa a ser concebida como uma saída inventiva, no sentido de constatar a falência do Simbólico e, ainda assim, criar uma solução singular para tratar dessa carência comum a todo ser falante. A apreensão da psicose sem grandes desencadeamentos também se torna possível dentro desse paradigma, sendo plausível aí realizar uma distinção entre as psicoses clássicas, dentro do paradigma Schreber, e as não desencadeadas.

As formulações da clínica borromeana de Lacan permitiram alargar as concepções de desencadeamento e estabilização das psicoses, considerando que, nessa clínica, temos apenas manifestações e soluções *sinthomáticas* singulares, que renegam as soluções estruturais generalizáveis.

Dentro deste paradigma, ao conceber o termo "psicose ordinária", Miller (2010) tratou da abordagem das diferentes manifestações da psicose, que se apresenta sem seus índices clássicos, extraordinários, mas se revelando a partir de sucessivos *desligamentos:* do laço social (externalidade social), do próprio corpo (externalidade corporal) e da subjetividade (externalidade subjetiva), índices da psicose ordinária destacados por Miller na *Convenção de Antibes.* A inauguração da noção de psicose ordinária endossou a ideia de que há algo de novo na clínica das psicoses, algo que segundo Lacan (1958/1998, p. 565) revela uma "(...) desordem provocada na junção mais íntima do sentimento de vida no sujeito", e que, segundo Miller se manifesta a partir de índices discretos.

Nesta perspectiva, ao referir-se à psicose ordinária, Miller[4] faz menção à "*psicose sinthomatizada*". Segundo o autor,

> Temos aqui psicóticos mais modestos, que nos reservam surpresas, mas que podem, como veremos, se fundir num tipo de média: a psicose compensada, a psicose suplementada, a psicose não desencadeada, a psicose medicada, a psicose em terapia, a psicose em análise, a psicose que evolui, a psicose sinthomatizada, por assim dizer (p. 201).

Na psicose ordinária, formalizada em uma perspectiva borromeana, o sujeito conta com um aparelho suplementar, uma invenção de sua própria solução para compensar a falha na amarração entre os nós, construindo assim, como suplência, um modo de manter juntos o Real, o Simbólico e o Imaginário. Assim, dentre as múltiplas formulações existentes no programa de investigação sobre as psicoses ordinárias, pudemos compreender a clínica da psicose ordinária como uma clínica das suplências referidas ao nó borromeano.

Desse modo, se desejamos fazer a leitura de um caso nesse campo, é necessário realizarmos um duplo diagnóstico para sua identificação, como nos sugere Maleval (2003): por um lado, trata-se de buscar por sinais da falha no nó borromeano na estrutura psíquica, e, por outro, discernir por que meio esse defeito tem sido compensado pelo sujeito. Nessa perspectiva, consideramos que os índices da psicose ordinária descritos por Miller como externalidade social, corporal e subjetiva poderiam ser considerados como manifestações das falhas no nó, e que a atenuação de suas manifestações viria com a compensação dessas falhas, que consiste em amarrações singulares que o sujeito precisa inventar.

4. O CASO RAUL: UM SUJEITO AMARRADO PELA DROGA, PELO SEXO E PELA ESCRITURA

Pudemos observar, no caso Raul, alguns índices que caracterizam a psicose ordinária, de acordo com as formulações de Miller. A partir do relato do caso, é possível identificarmos em Raul sucessivos desligamentos e a não existência de índices de uma psicose extraordinária. O paciente nunca relatou manifestações que sinalizassem a presença de uma psicose desencadeada, tais como alucinações, delírios ou fenômenos de linguagem. Seus familiares, bem como profissionais da instituição que o atenderam nunca mencionaram tais manifestações. Por outro lado, Raul enumera algumas situações nas quais são evidentes alguns desligamentos ao longo de sua vida: nunca se estabeleceu em uma profissão, não concluiu seus estudos, seus laços sociais são sempre frágeis e giram na maioria das vezes em torno do sexo e da droga, índices localizáveis do que Miller denominou externalidade social.

Se a presença dos desligamentos em relação ao social é evidente, mais evidentes ainda são os fenômenos que comportam o que Miller descreveu como externalidade subjetiva. Embora, ao longo dos atendimentos, ficasse manifesto que Raul não contava com recursos simbólicos que lhe desse uma melhor condição para nomear o que se passava consigo, mencionou inúmeras vezes uma "*depressão*" que sempre o acompanhou. Segundo ele, seu problema maior era a depressão, e que teria buscado a droga para se aliviar desse mal, conforme seu enunciado: "*Eu sempre tive depressão e ela puxou tudo. Acho que eu busquei a droga para fugir dessa minha tristeza. Eu sempre fui triste. Não sei o porquê, mas sempre fui assim, um vazio por dentro. Descobri que o sexo e a droga eram minha tentativa de sair dessa vida de depressão*".

Aqui Raul nos traz alguns elementos que nos permitem pensar sobre o que Miller (2011, p. 18) descreve como externalidade subjetiva: uma "(...) experiência de vazio, de vacuidade, do vago no psicótico ordinário e da sua natureza não dialética", havendo uma fixidez especial deste índice nesse caso. Raul refere-se a algo que não sabe nomear bem, mas que se trata de "*um vazio por dentro, um vazio no peito*", algo que a droga e o sexo permitem afastar.

Outro ponto que merece destaque é a posição de objeto dejeto na qual Raul se coloca, sobretudo no tocante à sua relação com os parceiros sexuais, posição essa que comporta uma marca de gozo masoquista. Raul reforça a tese de que na psicose, a partir da não inscrição da significação fálica, que conduz o sujeito a uma falha na constituição da imagem corporal, muitas vezes o sujeito confronta-se com o seu estatuto real de objeto dejeto. A disjunção entre o Imaginário e o Simbólico, consequência da foraclusão do Nome-do-Pai, se lida com os termos da clínica estrutural, torna impossível a simbolização do sexual no falo. O sujeito, por não se inscrever na função fálica, que faria do órgão um instrumento, passa a experimentar o corpo devastado, objeto gozado pelo Outro.

Raul se apresenta no primeiro atendimento dizendo que tem duas grandes dependências em sua vida: a droga e o sexo. Traz o peso de uma cena infantil em que foi "*iniciado*" sexualmente aos oito anos de idade por um homem conhecido da família, que o levou para o mato. Não traz muitos detalhes sobre essa cena, mas diz que foi a partir daí que passou a existir sua compulsão por sexo. Também relata ser homossexual e que nunca teve relações com uma mulher.

Os relatos de Raul nos permitem dizer que a cena infantil a qual foi submetido produziu uma marca de gozo masoquista e que sua posição subjetiva comporta uma identificação real com o objeto dejeto, assumindo sobre si uma posição de rebotalho, negligenciando-se ao ponto mais extremo. Há aí o que Miller (2011, p. 18) denominou "identificação real ao dejeto", "pois o sujeito vai à direção de realizar o dejeto sobre a sua pessoa". Raul nos relata circunstâncias em que busca por situações sexuais extremas, em que é abusado, subjugado, submetendo-se ao gozo do Outro, tal como na primeira cena sexual.

O marcante nesse caso é que Raul diz ser *"viciado"* nessa prática, e que *"fica mal"* quando não consegue se colocar em tal posição. Assim, vê-se compelido a assumir tal lugar e extrair daí uma satisfação.

O que merece destaque aqui é que Raul narra alguns episódios em sua vida sexual em que colocava seu corpo em situações de extrema violência, sem se importar muito com isso. Foi a partir dessas situações que contraiu HIV, situações nas quais muitas vezes era espancado, violentado sexualmente, o que nos remete a pensar no corpo largado da psicose. Dentre tais situações, relata um acontecimento em que um travesti investiu contra ele após um desentendimento, espancando-o e ferindo-o na cabeça com o salto do seu sapato, ferimento que resultou na perda parcial do movimento de uma das mãos.

A partir de tais relatos, questionamo-nos sobre a presença do que Miller denominou externalidade corporal, na qual é explicitada certa falha na relação do sujeito com seu próprio corpo. Como vimos, nesse tipo de externalidade, há um desligamento em relação ao próprio corpo e os sujeitos precisam inventar diferentes modos de se reapropriarem desse corpo, modos que permitem certa demarcação corporal e, consequentemente, certa demarcação do gozo. Diante da possibilidade de o corpo desfazer-se, o sujeito é levado a inventar laços artificiais para apropriar-se de seu corpo, grampos para prender seu corpo a si mesmo.

Com essa prática sexual Raul não estaria tentando fazer um corpo, considerando sua posição de gozo masoquista em relação à instância corporal? Não seria essa prática uma busca por uma consistência corporal, que de algum modo ele não experimenta?

Raul nos traz um sentimento de *"vazio por dentro, um vazio no peito"*, que ele trata através da droga e do sexo. Nossa hipótese é de que sua prática sexual cumpre uma função específica: através dela, é possível fazer-se um corpo. Há aí uma localização e fixação de gozo que não é tratado ou mediado pela fantasia, mas relacionado a uma cena, a cena infantil dos oito anos de idade quando ele é "*iniciado*" sexualmente. O que aparece, sem o recurso ao sexo, é o vazio. Assim, as vivências sexuais cumprem uma função de suplência, algo que funciona regulando o gozo, uma amarração *sinthomática* que mantém enlaçados os registros.

Desse modo, sua posição nos faz pensar que suas práticas sexuais permitem certa demarcação do gozo e visam, de algum modo, restabelecer sua regulação, mantendo preso o registro Imaginário, ao promover sua amarração ao registro do Real. Sabemos que a ausência da inscrição fálica (F_0) faz com que não se injete no sujeito o sentimento de vida, o que se traduz, no ser falante, na falta de consistência imaginária do corpo. Se é o falo que permite localizar e regular o gozo, todo problema aqui é como Raul faz para regular ou fazer algo com esse gozo, haja vista que não pode contar com esse recurso ao operador fálico. Acreditamos assim que é recorrendo ao sexo, em uma posição masoquista, que ele localiza e regula o gozo, fazendo-o sob os auspícios da cena infantil que permaneceria aí como uma imagem indelével.

Outro ponto que merece destaque é a relação de Raul com as drogas. Ele relata que iniciou o seu uso na adolescência, começando pela maconha, passando pela cocaína e estabelecendo-se no crack. Também diz que nunca usou mais de uma droga ao mesmo tempo, respondendo à descrição de Laurent (1994) sobre as chamadas monomanias de Esquirol, em que o consumo de drogas é limitado a uma só substância, mantendo uma fidelidade a um tóxico específico, no qual o sujeito busca algo preciso. Embora tais substâncias produzissem grande devastação em sua vida, é possível observar que elas tinham uma função bem demarcada para Raul, sobretudo, ao afirmar que buscou a droga para fugir do vazio e da sua tristeza e que, ao ficar sem a substância, tal como quando foi internado em uma comunidade terapêutica por longo tempo, sua "depressão" piorou.

Assim, nossa hipótese é de que a droga cumpre para Raul a função de "tratamento" do que ele nomeia como "depressão". Segundo Naparstek (2005), parece-nos fundamental prestar atenção em alguns casos de psicose nos quais a droga tem a função de ordenar, estabilizar, enodar, apesar de toda devastação que provoca. Com todos os perigos que isso comporta, porque sem dúvida a realização de uma suplência via ingestão real de uma droga pode trazer consequências piores do que as manifestações da própria psicose trariam, é interessante como Raul se serve da droga para localizar um gozo e, com ela, promover certa nomeação do seu mal. Desse modo, podemos considerar que a função da droga nesse caso é de encontrar uma resposta, uma tentativa de explicar os fenômenos de vazio de significação que acompanham Raul, bem como um tratamento possível desse vazio. É possível observarmos que a realidade subjetiva do sujeito está se desmoronando e é a droga que permite uma nomeação do que se passa com ele. Ele testemunha que seu uso metódico da droga encobre dificuldades relativas a sua psicose, a saber, o excesso de gozo no corpo. Desse modo, ao que parece, Raul busca tratar o gozo no corpo promovido pela psicose pelo gozo no corpo promovido pela droga.

Assim, quando Raul se apresenta dizendo ser dependente do sexo e da droga, isso significa o mesmo que dizer que ambos dão uma resposta ao seu vazio corporal e subjetivo, promovendo uma amarração entre os registros que, do contrário, tenderiam a se soltar. Nesse sentido, podemos dizer que, para Raul, a droga e o sexo entram no estatuto de solução, promovendo funções específicas na reparação entre os nós.

Outro elemento que merece destaque no caso Raul é a função que as "parábolas" assumem, fazendo suplência a um buraco no simbólico. É marcante a função de alívio que tais textos produzem em Raul, e por isso é importante tê-las em conta, já que é, a partir delas, que ele tenta manter-se no discurso, discurso entendido como laço social.

Sabemos que a ausência de referências fálicas no campo da linguagem, e a consequente falha na cadeia significante, determinam certa inconsistência ao pensamento e à fala do psicótico ordinário. Como vimos anteriormente, é comum nesses casos os sujeitos apoiarem-se nas significações sustentadas pelo Outro, as quais segundo Maleval dão ao sujeito de estrutura psicótica um acesso à conexão que lhe falta, aquela do gozo e da palavra. Como a linguagem parecia ser algo que escapava a Raul, muitas vezes ele se expressava a partir da fala do Outro. Trazia em sua fala um roteiro decorado em torno do saber sobre as drogas, do sexo e da vida: repetia lições do NA, os "12 passos", e outros ensinamentos aprendidos em grupos de autoajuda, a partir de situações vividas em comunidades terapêuticas por onde passou. Repetia tais "lições" cotidianamente, sem muita implicação no que dizia e apresentando uma baixa capacidade de subjetivação ou retificação subjetiva diante de algumas intervenções. Quanto às parábolas, sempre repetia as que conhecia, as reescrevia, e muitas vezes solicitava que retirássemos na internet alguns desses textos, cujo conteúdo já sabia de memória. Sempre andava com algum livro de autoajuda consigo, dizendo que ali poderia encontrar o saber necessário para sua recuperação.

Com tais atitudes Raul nos mostrava que era dependente do significante que vinha do Outro. Colava-se em tais significantes, localizados nas suas parábolas, nas lições do NA, nos "12 passos" e nos livros de autoajuda. Nesse contexto, tais recursos assumiam a função de letra, de uma escritura que promovia certo tratamento de um buraco na significação, no simbólico.

Segundo Schejtman (2013), a soltura do registro Simbólico se faz evidente tanto no nível da pauperização da dimensão simbólica no discurso do sujeito, muito prevalente na melancolia, quanto na exacerbação de tal dimensão, notada na verborreia, fuga de ideias e em outras manifestações presentes na sintomatologia da mania. Notamos que, no caso em discussão, Raul empreendia uma busca desenfreada por recursos significantes que cumprem para si uma função de escritura e que não o permitem cair no vazio de significação, permitindo-lhe fazer um uso da linguagem e promover o laço social. Apesar de esse sujeito conviver com um limite do simbólico, comportando-se como um papagaio do Outro, está sempre buscando tais recursos, que funcionam para ele como uma suplência na sua amarração entre o Simbólico e o Real.

Nesse sentido, caminhamos com a hipótese de que a droga, o sexo e a escritura foram algumas gambiarras inventadas por Raul como suplência para a sua inconsistência subjetiva, corporal e simbólica. Tais suplências tiveram a função de não deixar a sua psicose, que ele nomeia "depressão", se desencadear, assumindo a função de amarração dos registros RSI.

Aqui, a noção de psicose ordinária nos serve como um importante operador clínico, permitindo-nos apreender alguns índices da psicose que se mantém discretos, tais como os sucessivos desligamentos do laço social, desligamento do próprio corpo e da subjetividade, índices esses que, conforme Miller, estão presentes nos casos da psicose ordinária.

Portanto, observa-se que a noção pragmática de psicose ordinária se revela operativa no estabelecimento do diagnóstico diferencial, assim como na direção do tratamento.

Mas, considerando a proposta de que a partir das formulações da clínica borromeana, a clínica da psicose ordinária pode ser entendida como uma clínica das suplências referidas ao nó borromeano, como se dariam, então, as amarrações do nó de Raul?

Nossa hipótese é que Raul promove uma dupla reparação no nó: uma pelo sexo e pela droga e a outra pela escritura. Schejtman trabalha a noção de polirreparação ou polisinthomatização como possibilidades de amarrações características de certas posições subjetivas contemporâneas. Segundo o autor, a polirreparação é a possibilidade de existência de mais de uma reparação, que podem ser *sinthomáticas* (quando ocorrem no lugar onde se produziram o lapso na cadeia) ou *não-sinthomáticas* (quando operam em outros pontos de cruz entre os nós). Nossa hipótese é que Raul pôde, a partir do sexo, da droga e da escritura, promover uma polirreparação do seu nó, conforme podemos observar na figura abaixo.

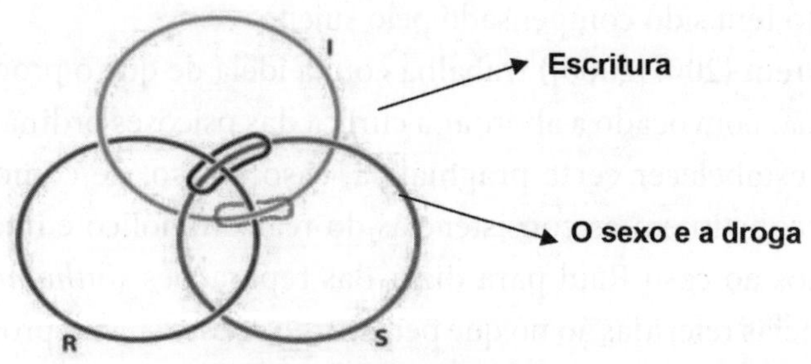

Figura 1 – O nó de Raul

Sabemos que algumas amarrações não são dadas definitivamente e que muitas comportam certa precariedade, tendo o sujeito que repará-las ou fazer novas amarrações ao longo da vida. Acreditamos que, em certa medida, as amarrações de Raul foram estáveis ao longo do tempo, apesar de sabermos que, de modo geral, a droga promove uma amarração que comporta certa fragilidade. Ele nos conta que é usuário de drogas desde os 12 anos e que foi na adolescência o período no qual iniciou sua prática sexual. Nossa hipótese é de que a droga e o sexo cumprem funções equivalentes desde cedo, a de manterem certa consistência corporal, unindo o registro Imaginário ao Real. Já o recurso às escrituras se deu frente a um vazio de significação, apontando para o limite do simbólico em Raul. Nossa proposição é de que com a leitura, escrita e fixação nas parábolas, o que lemos como sua escritura, Raul pôde amarrar o registro Simbólico ao Real, realizando uma suplência e mantendo preso o simbólico que lhe é fugidio.

CONSIDERAÇÕES FINAIS

Os pressupostos da clínica borromeana de Lacan possibilitam uma fundamentação da noção de psicose ordinária, que a concebe como uma psicose que faz uso de suplências que permitem amarrar os registros Real, Simbólico e Imaginário, a fim de mantê-los unidos. Assim, podemos conceber a clínica da psicose ordinária como uma clínica das suplências referidas ao nó borromeano, que requer um duplo diagnóstico para ser identificada: por um lado, trata-se de buscar por sinais da falha no nó borromeano na estrutura psíquica, e, por outro, discernir por que meio esse defeito tem sido compensado pelo sujeito.

Laurent (2007[2006]) trabalha com a ideia de que o programa de investigação convocado a abordar a clínica das psicoses ordinárias deve procurar estabelecer certa pragmática, caso a caso, de como em um sujeito se constituem as consistências do real, simbólico e imaginário. Recorremos ao caso Raul para dizer das reparações *sinthomáticas* ou das suplências referidas ao nó que permitiram a esse sujeito promover as amarrações necessárias entre os seus registros. A partir da análise deste caso, localizamos na escritura, no sexo e na droga diferentes modos de suplência encontrados pelo sujeito para manter-se fora do desencadeamento da psicose.

REFERÊNCIAS BIBLIOGRÁFICAS

LACAN, Jacques. De uma questão preliminar a todo tratamento possível da psicose. In: *Escritos*. Rio de Janeiro: Jorge Zahar Editor, 1998. p. 581-582. (Trabalho original publicado em 1958)

LACAN, J. *O Seminário, livro 23*: O sinthoma. Rio de Janeiro: Jorge Zahar, 2007. (Trabalho original publicado em 1975-76)

LAURENT, É. Tres observaciones sobre la toxicomanía. In: SINATRA, E.; SILLITTI, D.; TARRAB, M. (Org.). *Sujeto, goce y modernidad:* fundamentos de la clínica. Buenos Aires: Atuel-TyA, 1994.

LAURENT, É. La psicosis ordinária. In: *¿Cómo se enseña la clínica?*. Buenos Aires: Instituto Clínico de Buenos Aires, 2007[2006].

MALEVAL, J-C. *Elements pour une apprehension clinique de la psychose ordinaire.* Séminaire de la Découverte Freudienne. 2003. Recuperado de: <http://w3.erc.univ-tlse2.fr/pdf/elements_psychose_ordinaire.pdf>. Acesso em: 01 mar. 2014.

MILLER, J-A. Efeito do retorno à psicose ordinária. *Opção Lacaniana online - Nova série,* v. 1, n. 3, 2010.

MILLER, J-A. et al. *La psicosis ordinaria*: la convención de Antibes. Buenos Aires: Paidós, 2011.

NAPARSTEK, F. *Introducción a la clínica com toxicomanias y alcoholismo.* Buenos Aires: Grama Ediciones, 2005.

SCHEJTMAN, F. Sinthome, ensayos de clínica psicoanalítica nodal. Olivos: Grama Ediciones, 2013.

ESTADOS DISSOCIATIVOS E PERSONALIDADES MÚLTIPLAS

Ludmila Oliveira Maiolini
Rafael Miranda de Oliveira

Ao adentrarmos na enfermaria numa manhã de inverno, logo somos interpelados pelos funcionários, que anunciam uma nova admissão no serviço. Identificada como "a paciente da dupla personalidade", sua história instigava a curiosidade dos profissionais que a atendiam. O sentimento foi melhor descrito pelo médico que a encaminhou à urgência do Instituto Raul Soares – IRS: "*parece coisa de filme*".

Admitida na noite anterior com relato de agitação psicomotora, o encaminhamento apontava como nota clínica a presença de alterações da identidade do Eu caracterizada por mudanças bruscas da personalidade.

Em nosso primeiro contato, Camila se apresentava cordial, receptiva, orientada globalmente e sem qualquer fenômeno psicopatológico sobrevalente. Identificava-se pelo nome próprio e reconhecia o comportamento agitado e agressivo como um fenômeno alheio à sua pessoa. Camila não elaborava a experiência vivenciada; contudo, dizia que tal fenômeno era descrito pelos demais como uma "transformação de sua personalidade em outra". Tão pouco atribuía tal fato a experiências místicas ou religiosas. Apesar do relato mítico e epopeico, Camila se colocava indiferente para com o fenômeno.

Num primeiro momento, dada as alterações da vivência do Eu, foi aventada a hipótese diagnóstica de transtorno psicótico. Contudo, sua organização psíquica, elaboração e indiferença para com os fatos vivenciados nos despertaram a atenção para a diagnose diferencial. Para tal, seguimos então a coleta de dados de sua história biográfica.

Camila foi a primeira filha entre oito irmãos. Sua mãe deu-lhe à luz aos 14 anos e, ao longo dos próximos anos, seus pais teriam outros filhos um com o outro, e com outros parceiros. Sua infância foi marcada por uma alternância entre a negligência dos pais e a rigidez da avó, além de exposição precoce a obscenidades sexuais. Em casa, seus pais mantinham relações sexuais na frente dos filhos.

Relatava que, aos 5 anos de idade, fora vítima de violência sexual por parte do tio materno. Achava também já ter sofrido outros abusos, porém acreditava que seu "cérebro pode ter bloqueado sua memória". Suspeita terem acontecidos nos momentos em que sua mãe a levava para os encontros que mantinha com outros homens.

Quando ela tinha 11 anos sua mãe perdeu a guarda dos filhos e Camila e os irmãos foram morar com a avó. Diferente do modo de criação da mãe, na casa da matriarca havia regras rígidas e as punições físicas faziam parte da criação. Apesar de sua compreensão, dizia que os irmãos se ressentiam com tal fato.

Quando completou seus 12 anos, o pai morreu de overdose. Camila diz que ele era um pai ausente, porém traz a lembrança de que, quando fora abusada pelo seu tio, havia recorrido ao pai, tendo sido ele o único que acreditou nela e que foi até o cunhado tirar satisfações pelo fato ocorrido – diferente de sua mãe, que não deu crédito ao que ela contava.

Durante os anos que passaram com a avó, a mãe costumava visitá-los e frequentemente fazia promessas frustradas aos irmãos mais novos, com o intuito de endossar o retorno deles para sua casa. Segundo Camila, os irmãos eram ludibriados com as promessas caprichosas da mãe e externavam a aspiração ao retorno. Contudo, Camila se posicionava contra. Considerada como uma líder entre os irmãos, acreditava que a mãe os tratava de forma imatura e irresponsável, "*como se fossem bonecas*", de modo que os pegava e os entregava para a avó conforme o "*sabor do vento*".

Próximo de seus 17 anos, seus irmãos elaboraram um plano de fuga para a casa da mãe. Tal qual um ato falho, Camila conta que, após a evasão dos irmãos, apontou para a avó a direção contrária à fuga. Diz ter acreditado que os irmãos não conseguiriam ir para longe. Porém, a evasão foi bem-sucedida e não mais voltaram. Camila, a única que permaneceu com a avó, dizia sentir-se culpada pelo fato. Acreditava ter colocado os irmãos numa rota deletéria, pois sabia que, com a mãe, seus irmãos parariam de estudar, seriam negligenciados e sujeitos ao contato com drogas de abuso.

Tomada pelo sentimento de culpa, Camila saiu da casa da avó numa aparente intenção autopunitiva, colocando-se em situação de rua e em contato com drogas de abuso. Dizia aspirar a um estado de overdose, desenvolvendo então do hábito do consumo de crack.

Distante da família, Camila passou pelo período de alguns anos morando nas ruas, até que se encontrou com Madalena que então a acolheu em sua casa.

EM BUSCA DE UMA MÃE

Camila dizia ter um sonho: o de encontrar uma mãe. No período em que se encontrava em situação de rua, esteve por duas casas de acolhimento para moças em situação de uso de substâncias de abuso. Nas duas situações, buscou uma relação próxima com as coordenadoras, chamando-as de "mãe". Contudo, nas duas ocasiões, fora expulsa por demandas excessivas ou por retomar o uso de drogas.

No contexto de um recente relacionamento amoroso, Camila pediu ajuda a Thiago, que a apresentou à Madalena, uma missionária que possuía longa trajetória de acolher rapazes na condição de dependência química. O plano inicial era que Camila passasse por sua casa, e então fosse encaminhada para outra residência. No entanto, Camila e Madalena logo criaram um forte vínculo. Por sugestão de seu filho, que queria uma companhia para a mãe, Madalena propôs que Camila passasse a morar lá de forma definitiva: fariam um teste de um mês para ver se o arranjo daria certo. Madalena explicou as regras da casa: não poderia haver uso de drogas na residência. Camila concordou e logo passou a nomear Madalena de mãe.

As duas passaram a dividir o mesmo quarto, e até a mesma cama. Camila dizia ser "sonâmbula", desde criança. Devido a tal condição, Madalena achou por bem ficar por perto à noite. Em seu relato, os episódios de sonambulismo de fato se fizeram presentes e caracterizaram-se por quadros de agitação e tentativas de fuga, acompanhados pela seguinte enunciação: "*Não sou ninguém, deixem-me ir embora!*". Com a evolução do quadro, tais episódios passaram a ocorrer também no período diurno, sem serem precedidos pelo estado de sono fisiológico. Camila não se recordava dos fatos e Madalena referia-se aos episódios como "*a hora em que 'Ninguém' aparecia no lugar de Camila*".

Foi então, nesse contexto, que Camila passou a ser acolhida e frequentar o Centro de Atenção Psicossocial – CAPS de seu município. Segundo relato da equipe, a proximidade das duas chamava a atenção: Camila nunca ia sozinha ao serviço, estando sempre acompanhada de Madalena, e ambas se opunham aos atendimentos individuais. Ainda de acordo com a equipe, os aparecimentos de "Ninguém" também ocorriam no estabelecimento, e, nesses momentos, Madalena sempre se inseria na cena como a pessoa capaz de cuidar de Camila, apesar do pedido dos profissionais de que, quando estivessem lá, ela os deixasse lidar com a situação. Contudo, em uma dessas crises, Madalena usou uma estratégia que já havia funcionado em casa: colocou Camila no seu colo e lhe deu o seio, como se estivesse amamentando um bebê. A cena chocou a todos da equipe que estavam presentes no local.

O relacionamento de ambas tinha apenas um mediador, Thiago, namorado de Camila. Madalena deu permissão ao namoro, na condição que fosse "um namoro cristão". Contudo, logo após retomarem o relacionamento, Madalena percebeu sintomas gravídicos em Camila e solicitou que ela fizesse o teste rápido de gravidez. Nas palavras de Camila, "*sem querer querendo*", tal qual um ato falho, fez o teste de forma errada, resultando negativo. Madalena resolveu intervir, de modo a confirmar a gravidez por meio de teste sérico. Camila diz ter, de início, recusado o resultado do teste, acreditando ser um artefato. Contudo, nesse momento, Madalena já insinuava a necessidade de planejarem o casamento.

Nesse ínterim, numa marcada relação temporal, as crises de "sonambulismo" tiveram intensificação. Agora, além do surgimento de "Ninguém", havia momentos em que Camila afirmava chamar-se "Carla". A nova personalidade dizia não gostar de Camila e nem do bebê, ameaçando abortá-lo. Ao mesmo tempo, dirigia-se à Madalena, de forma erotizada, solicitando que a mesma realizasse atos sexuais com ela, do contrário, mataria Camila e o bebê. Com medo do que poderia acontecer, Madalena cedia às demandas de "Carla". Como nas vivências anteriores, Camila dizia não se recordar dos fatos, e os abusos sexuais eram mantidos em segredo, sendo confidenciado somente aos profissionais da saúde mental.

Com a intensificação do comportamento agressivo e sexual dirigido à Madalena, Camila foi então encaminhada ao serviço de urgências do Instituto Raul Soares. Desde de sua admissão na unidade de psiquiatria, Camila não teve nenhuma nova crise. Apesar de atribuir a melhora "ao remédio certo", nenhuma alteração foi feita em sua prescrição recente. A mesma seguia apenas em uso de clorpromazina 150 mg/dia, e assim permaneceu até sua alta hopsitalar. O exame clínico-neurológico e a revisão laboratorial se mostraram inocentes. Em seus dados clínico-somáticos não apresentava nada além do estado gravídico. Apenas um dado se fazia incoerente: a paciente trajava fraudas, por indicação de Madalena, mesmo na ausência de incontinências.

Ao longo de seu acompanhamento, ao ser questionada sobre o que ela chamava das supostas múltiplas personalidades, contava que tinha duas diferentes, que nomeava como "Carla" e "Ninguém"; a terceira seria ela mesma, a própria Camila. Explicou que cada uma tinha sua característica específica. "Ninguém" estava sempre triste, não gostava das pessoas e preferia ficar sozinho. Havia sido abusado sexualmente e sofria muito com isso, além de se sentir excluído no meio social. Já a "Carla" era uma mulher astuta, decidida, e não gostava de Camila e nem do bebê. Ainda dizia que "Carla" costumava usar a gravidez para conseguir o que queria com Madalena. Curiosamente, foi notado que as diferentes personalidades convergiam com a pessoa de Camila e que, aparentemente, eram faces de uma mesma condição singular.

Durante a internação, Camila foi convidada a participar de uma apresentação de paciente, realizada pelo Dr. Henri Kaufmanner. Tal dispositivo clínico era aberto ao público acadêmico e profissional. Camila aceitou o convite de bom grado e, durante a entrevista, pareceu ficar bastante confortável ao contar sua história de vida para o entrevistador e para a plateia. Falou sobre a história de sua família, ressaltando o sentimento de abandono que permeara sua infância, bem como a dor que sentia por pressupor ser responsável pelo destino dos irmãos ao retornarem à casa de sua mãe. Contou também sobre a gravidez, a qual dizia ser grande fonte de felicidade, pois seu sonho era ser mãe. Falou do uso das drogas, da chegada à casa de Madalena e do amor que nasceu entre elas. Não fez menções à Carla, a "Ninguém", ou ao que acontecia nos momentos em que essas "personalidades" surgiam. Ao fim da entrevista, Camila se retirou do auditório. Com sua saída, ouviu-se um suspiro compartilhado pelos membros da plateia. Ela havia encantado a todos com sua aparência delicada, carisma e, principalmente, pela forma bem articulada com que nos contara sua história.

Posteriormente, convidamos Madalena para uma conversa, a fim de entender um pouco mais de seu relacionamento com Camila. Ela nos contou um pouco sobre sua história de vida. Seu trabalho como missionária havia começado aos 13 anos, ao defender seu irmão mais velho da polícia, o qual tinha lhe abusado sexualmente por anos. Desde então, realizou inúmeros trabalhos sociais voltados para adolescentes envolvidos em uso de drogas e em situação de risco e vulnerabilidade social. Atuara em presídios realizando visitas e trabalhos de reabilitação e já fora responsável por uma comunidade terapêutica. Já mais velha teve que parar com os trabalhos para cuidar de sua mãe doente, e assim o fez até o dia de sua morte. Após esse período, viu-se perdida e com sinais de uma depressão que ela não aceitava. Sentia-se vazia, chegando a cogitar se não seria a hora de deixar este mundo. Muito religiosa, começou a fazer orações pedindo a Deus por uma solução para sua vida. Tempos depois, começou a ter uma ideia de voltar a trabalhar com corte e costura, arrumou uma loja em frente à sua casa onde pretendia abrir um bazar para vender as peças que fossem produzidas por ela. Em um determinado dia, enquanto limpava a loja, chegou um vizinho com Camila pedindo por ajuda. Acolheu-a com intuito de passar uma noite, mas acabou adotando-a como filha. Um dado interessante de sua história era o fato de que Madalena havia perdido uma filha quando esta ainda era criança.

Ao longo do período de internação, fizemos várias intervenções. A primeira foi conversar com Camila sobre a importância de interromper o uso das fraldas, visto que quem precisaria delas era seu bebê, e não ela. Essa orientação foi aceita sem maiores problemas. Pontuamos também que as "personalidades" que por vezes tomavam sua consciência não eram pessoas diferentes e separadas dela, mas partes de seu próprio Eu, e que expressavam sentimentos com os quais era difícil lidar no seu dia a dia. "Carla" e "Ninguém" eram a forma como ela conseguia lidar com seu sofrimento, mas era necessário encontrar outra saída.

Explicamos para Madalena a necessidade de serem colocados limites no comportamento de "Carla", tendo em vista o mal-estar que a situação gerava em ambas. Conversamos também sobre o desenvolvimento da relação de mãe e filha: Camila havia chegado à sua casa em uma situação que demandava cuidados mais intensos, mas agora era importante que o relacionamento das duas fosse o de uma mãe com sua filha adulta. Sugerimos que ela também buscasse atendimento em saúde mental, pois merecia ser cuidada após uma vida dedicada a cuidar de outros. Madalena aceitou bem nossas orientações. Ficou definido pela própria Madalena que ela iria preparar um quarto exclusivo para a Camila e seu bebê.

Em um dos últimos atendimentos que antecederam sua alta, Camila nos contou sobre sua experiência no trabalho como jovem aprendiz numa grande rede de supermercados. Era muito querida por seus chefes, porém foi demitida por justa causa após ameaçar uma colega. Dizia que a colega não gostava de sua popularidade e, certa vez, quando provocada, a abordou com violência. Relatou que não aceitava que ela a tratasse como se "*fosse ninguém!*". O desperdício de uma boa oportunidade era motivo de arrependimento, pois ela queria ser um bom exemplo para os irmãos. Se eles vissem que a admirada irmã mais velha não era "*ninguém na vida*" poderiam decidir que não teria problema se eles também não fossem ninguém. Essa foi a primeira vez que o termo "ninguém" foi usado pela paciente para se descrever.

A alta se deu logo após as pontuações supracitadas, com o encaminhamento da paciente para o CAPS de seu município. Consideramos que o maior benefício da internação foi ter promovido um grau de separação entre mãe e filha, possibilitando a abordagem das questões psicodinâmicas que surgiram ao longo desse tempo. Até nosso último contato com a equipe do CAPS, não havia relatos de novos episódios de dissociação da personalidade.

DISCUSSÃO

O fenômeno das personalidades múltiplas é um assunto fascinante e complexo, envolvendo distintas interpretações a depender dos diferentes referenciais teóricos, que vão desde o conceito de histeria abordado pelos psiquiatras clássicos do século XIX até concepções neurocientíficas relativas à memória afetiva (Loewenstein, 2018).

Apesar de reconhecido de longa data, o fenômeno das personalidades múltiplas ganhou notoriedade na França somente na segunda metade do século XIX, adjacente aos estudos acerca da histeria e do hipnotismo. Os primeiros casos célebres de personalidades duplas foram descritos por Samuel Mitchel em 1814 e 1916. Contudo, foi a partir da publicação do caso Félida, em 1887, por Éugene Azam, que o fenômeno passou a ser amplamente descrito e discutido no meio psiquiátrico da época (Blaser, 2015).

Descrito na circunstância de um quadro de histeria, Félida apresentava intensas variações da personalidade e que eram precedidas por estados hipnóticos. Nomeados de consciência dupla, os fenômenos descritos nos trabalhos de Azam sugeriam a possibilidade de uma condição psicológica especial, na qual o psiquismo encontrava-se dissociado (Blaser, 2015).

Neste enquadramento, uma das principais contribuições ao estudo do fenômeno da dissociação psíquica e personalidades múltiplas, no que tange os autores clássicos da psiquiatria, foram os trabalhos de Pierre Janet. Psiquiatra francês, oriundo da Escola de *Salpêtrière*, Janet em seus estudos descreveu uma série de fenômenos nos quais duas ou mais ideias, ações ou estados de consciência atuariam independentes uns dos outros e de maneira fragmentada, incorrendo num funcionamento psicológico não integrado. Em suas observações, os estados dissociativos ocorriam, em sua maior parte, vinculados à condição da histeria e aos estados hipnóticos induzidos. A ocorrência, sugeria, em sua análise, o envolvimento de mecanismos inconscientes, especialmente no acaso de vivências traumáticas que permaneciam inacessíveis à consciência (Dias; Santos, 2006; Blaser, 2015).

Em seu livro *L'automatisme psichologique* (1889), Janet defendeu a tese de que a histeria, o hipnotismo e as personalidades duplas, estavam concernidos a uma perturbação da integração psicológica, resultando na dissociação da consciência e, consequentemente, no desenvolvimento de automatismos mentais, tal como a escrita automática (Blaser, 2015; Alvarado, 1989).

No trabalho *Les actes inconscients et le dédoublement de la personnalité pendant le somnambulisme provoqué* (1886), Janet considera a duplicação do Eu como uma alteração qualitativa, resultante da ação de duas vontades ou ações distintas que, em condições normais, estariam ordenadas hierarquicamente sob a ação da vontade consciente. Dessa forma, parte da expressão clínica da dupla personalidade, em verdade, refere-se à coexistência em um mesmo instante e num mesmo indivíduo, de desejos ou ações distintas, porém, uma consciente e a outra não. Assim sendo, a "outra personalidade" nada mais seria do que conteúdos latentes não reconhecidos pelo sujeito (Blaser, 2015; Alvarado, 1989).

Ao longo do exame de nossa paciente, os fatos clínicos, reunidos no entorno dos desdobramentos da personalidade, nos pareceram resultantes da incapacidade do sujeito em sintetizar as informações e vivências, dentro de sua percepção pessoal, em acordo com a concepção dos estados dissociativos descritos por Janet. Todavia, em sua admissão, o relato isolado de alterações da identidade refletia, de antemão, uma possível afetação da unidade do Eu, tal qual observado nas psicoses, especialmente na esquizofrenia. Assim sendo, tão logo o diagnóstico diferencial entre psicose esquizofrênica e dissociação histérica se fez premente em nosso trabalho clínico.

Com efeito, vale ressaltar que a discussão da diagnose entre as instâncias elencadas encontra-se ofuscada no contemporâneo da psiquiatria e, por assim dizer, não isenta de efeitos. Em parte, esse fato parece resultar do não reconhecimento da histeria enquanto unidade nosológica no campo da psiquiatria contemporânea. Ademais, a abrangência alcançada pelo conceito bleuleriano de esquizofrenia acabou por englobar, sob o signo da psicose, parte dos estados oníricos, crepusculares, entre outros, que, até então, se encontravam alocados no campo das chamadas loucuras histéricas. Em contrapartida, a discussão do diagnóstico diferencial entre psicose e histeria esteve em pauta na transição do século XIX para o século XX, especialmente a partir da interlocução entre representantes das escolas de Salpêtrière e de Zurique, representados, respectivamente, por Janet e Bleuler (Maleval, 1987).

Em seu trabalho intitulado *Demência precoce ou grupo das esquizofrenias* (1911), Bleuler dedica uma parte especial de seu empreendimento ao diagnóstico diferencial entre esquizofrenia e histeria. De antemão, o autor elenca as alterações da afetividade como componente orientador da diagnose diferencial. É conhecido o peso que Bleuler atribui ao autismo afetivo na esquizofrenia. Assim, como Jung, para Bleuler, em oposição à histeria, a separação que o esquizofrênico faz da realidade se dá por meio de uma defesa de arranjo autístico, tido como a verdadeira base do negativismo. O autismo na esquizofrenia caracterizava-se por uma tonalidade afetiva cuja a totalidade dos interesses era absorvida por um complexo ideativo, no qual o sujeito vivia um mundo interno, inteiramente subjetivo e fora da realidade compartilhada. Tido como uma disfunção na construção de um projeto em direção ao real e fixado numa realização autística do desejo, os distúrbios afetivos compunham um espectro caracterizado pela indiferença, rigidez emocional, perda da capacidade anímica de produzir sentimentos, bem como a perda da volição e do interesse social (Bleuler, 1911/2005; Bercherie, 1980).

No caso de nossa paciente, de modo contrário, sua reatividade afetiva, articulação e sociabilidade mantinham-se preservados. Camila era bem articulada, sorridente e irradiava afetividade nas entrevistas clínicas. Seu afeto era normomodulado e tampouco observava-se variações tímicas do humor. Como dado clínico, podemos citar a indiferença afetiva observada para com os fenômenos de múltiplas personalidades vivenciados. Contudo, tal fato se apresentava de modo pontual e nos aproximava mais da concepção de um estado de "*la belle indifférence*" do que de um distanciamento afetivo generalizado. No caso de nossa paciente, apesar de todo interesse despertado naqueles que a atendiam, bem como no espanto ou perplexidade que afetava os mais próximos, ela exibia indiferença para com o fenômeno vivenciado.

Ainda na direção da diagnose diferencial, de acordo com Bleuler, o fenômeno da dissociação no campo da esquizofrenia correspondia, com efeito, numa cisão de várias funções psíquicas, que afetava não só a unidade do Eu, mas o psiquismo de modo global, contínuo e de forma grave. Segundo o autor, o comprometimento da capacidade associativa da psique resultava numa perda da unidade interna, tendo como efeito o pensamento incoerente, com alterações de fluxo e estereotipagens. Mesmo em graus menores, a coesão das ideias não estava assegurada por uma representação diretiva. Não obstante, os conceitos que se sucediam possuíam um nexo afrouxado, podendo afetar um plano lógico. De modo distinto, na histeria a dissociação representava mais, a falta de uma integração de elementos inconscientes na dinâmica psíquica, possibilitando a convivência de representações contraditórias, do que, de fato, uma dissolução integrativa do eu. No caso da histeria, os bloqueios ou dissociações manifestam claramente sua origem afetiva, ocorrendo em contexto de ideias precisas, mas não se generalizam ou afetam a acepção da realidade como um todo. Diferente da clivagem (*Spaltung*) na esquizofrenia, a dissociação histérica se dava de forma episódica e acompanhada de estado crepuscular da consciência (BLEULER, 1911/2005; JANET, 1984).

Por fim, a sugestionabilidade, a presença de formações caricaturais e a modulação do quadro em acordo com o desejo são, para Bleuler, dados favoráveis ao diagnóstico de histeria. Por outro lado, tal como Jaspers, a incoerência dos sintomas face à história biográfica coadunavam com o diagnóstico de esquizofrenia (BLEULER, 1911/2005).

No caso de Camila, ao analisar seu histórico, é possível estabelecer que o fenômeno das personalidades múltiplas transcorria de forma marcada no tempo, com motivadores delimitados e cotejados por conflitos internos. Seu desenvolvimento se dava em coerência com o seguimento da personalidade e não representava uma ruptura para com linha histórico-biográfica. Por outro lado, o aparecimento de "Ninguém" e "Carla" se dava sem que a paciente alegasse ter ciência de sua existência ou as incluísse em um discurso delirante. Dessa forma, díspar a psicose, nos parecia haver, no caso de Camila, uma composição da realidade com base na fantasia, apresentando o fenômeno estudado um caráter desenvolvimentista e reacional.

Posto isto, no curso de seu acompanhamento, o diagnóstico de psicose foi afastado. Todavia, cabe ressaltar que, a distinção diagnóstica elencada nem sempre é tão clara, uma vez que é possível a presença de sintomas psicóticos atenuados, tais como como vozes internas ou sensação imprecisa de influência. Por outro lado, Breuer, Freud e Janet deixaram bem estabelecido que mecanismos histéricos podem suscitar quadros clínicos que, em sua patoplastia, se assemelham a vivências delirantes e alucinatórias. Ademais, não se deve desconsiderar os relatos de Charcot e Babinski acerca da indução imitativa de sintomas psicóticos na histeria (MALEVAL, 1987).

Ainda cabe ressaltar que, em seu espectro, alguns outros diagnósticos diferenciais foram aventados, como: o transtorno de estresse pós-traumático – TEPT, o de simulação, epilepsia do lobo temporal e quadro secundário a intoxicação por substâncias psicoativas (Maraldi, 2018).

A hipótese de TEPT não foi firmada, uma vez que a complexidade de comportamento durante os episódios relatados não é típica desse quadro. Todavia, existem várias semelhanças clínicas que merecem menção, tais como a história de traumatismo, instabilidade emocional e memórias traumáticas vívidas.

Já a simulação não parecia a hipótese mais provável, uma vez que a situação não trazia ganhos claros para Camila, e a equipe do CAPS presenciou episódios dissociativos cuja descrição se assemelhava aos relatos da literatura.

Outro diagnóstico diferencial a ser considerado seria a epilepsia do lobo temporal. Essa hipótese foi cogitada para Camila, porém enfraquecida devido à presença de características semiológicas atípicas. As crises cursavam sem aura e não eram seguidas de confusão pós-ictal. Ademais, as crises cessaram após o afastamento físico dela e de Madalena, ao longo de todo período de internação (Beletsky; Mirsattari, 2012).

Por fim, a extensão na qual o uso de psicoativos interferia nas manifestações clínicas não fica totalmente clara. De toda forma, períodos de abstinência prolongados se deram no contexto de sua estadia com Madalena, bem durante sua internação. Relatos de fissura, ou outros dados relativos ao espectro clínico dos transtornos por uso de substâncias de abuso não se fizeram presentes em seu acompanhamento.

Como desfecho, em termos classificatórios, consideramos que a hipótese de Transtorno Dissociativo de Identidade é, dentro da perspectiva classificatória contemporânea, a mais compatível com a história de nossa paciente. Todavia, o diagnóstico de histeria foi considerado, ao lançarmos sobre o caso uma compreensão fenômeno-estrutural. No entanto, é valoroso salientar que, a categorização do fenômeno dissociativo, dentro da nosologia psiquiátrica atual, acabou por consolidar-se em conformidade com uma entidade autônoma, desprendendo-se do conceito de histeria. Como resultante, nos parece que o esquadrinhamento sintomatológico vigente acabou por afetar o reconhecimento dessa condição e de seu padecimento psíquico numa acepção amplificada e integral.

Em termos psicodinâmicos, a trajetória de Camila nos pareceu marcada pela sua capacidade de criar laços e caminhos em sua vida, mesmo que em condições desfavoráveis. Camila tinha necessidade de ser reconhecida pelo Outro, algo que era demonstrado principalmente por seu desejo de ser um modelo positivo para os irmãos. Ainda, as aparições de "Carla" e de "Ninguém" pareciam estar relacionadas ao conflito em que Camila se via no momento: seus sentimentos de desamparo geravam um grande desejo por uma mãe, porém, a relação de fusão construída pelas duas e as exigências de adequação aos valores morais de sua nova família de certa forma sufocavam uma mulher que, já há muito tempo, era dona da própria vida e das próprias escolhas. Assim sendo, a ambivalência em relação à Madalena e à sua condição de maternidade pareciam manifestar-se por meio das aparições de "Carla" e "Ninguém".

Por fim, nossa abordagem, no período de sua internação, foi voltada especialmente para problematizar a dinâmica entre mãe e filha. No caso de Camila, o Outro se apresentava inevitavelmente significativo, e a ele é atribuído um grande peso. Em seu contexto, o desejo pela mãe aponta no sentido de uma função. Camila se coloca a mercê desse outro, do qual depende, no sentido de fazer qualquer coisa para satisfazer o desejo do Outro sobre ela. Dessa forma, posiciona-se como objeto da demanda do Outro, configurando-se como uma criança nos braços de Madalena. Todavia, na medida que essa relação permanece exclusivamente na dinâmica da demanda, não haverá lugar para um desejo particular. O trabalho, em nossa condução clínica, foi o de produzir certa separação, na direção de introduzir a dimensão do sujeito desejante, de modo que Camila esteja para além de um sujeito dependente e sufocado pela demanda do Outro (Haute; Geyskens, 2016).

REFERÊNCIAS BIBLIOGRÁFICAS

ALVARADO, C.S. Dissociation and state specific psychophysiology during the nineteenth century. *Dissociation*, v. 11. n. 03, 1989.

BELETSKY, V.; MIRSATTARI, S. M. Epilepsy, mental health disorder, or both?. *Epilepsy Research and Treatment*, 2012. Disponível em: <https://www.ncbi.nlm.nih.gov/pmc/articles/PMC3420407/> Acesso em: 9 de ago. 2020.

BLASER, J. G. *Multiplicando a consciência*: a dissociação e suas implicações segundo Pierre Janet. Dissertação (Mestrado em Psicologia), Instituto de Ciências Humanas, Universidade Federal de Juiz de Fora, 2015. Disponível em: <https://repositorio.ufjf.br/jspui/handle/ufjf/350> Acesso em: 09 Ag. 2020.

BLEULER, E. *Dementia praecox ou grupo das esquizofrenias*. Lisboa: CLIMEPSI, 2005. (Trabalho originalmente publicado em 1911)

BERCHERIE, Paul. *Os fundamentos da clínica*: história e estrutura do saber psiquiátrico. Rio de Janeiro: Jorge Zahar Editor, 1980.

DIAS, M. K.; SANTOS, J. L. dos. Dissociação, experiência e narrativa: um estudo de caso. *Rev. Latinoam. Psicopat. Fund.*, v. IX, n. 4, p. 583-597, 2006.

HAUTE, P.; GEYSKENS, T. *Psicanálise sem Édipo?*: uma antropología clínica da histeria em Freud e Lacan. Rio de Janeiro: Autêntica, 2016.

JANET, P. El estado mental histérico. In: SAURÍ, J. *Las histerias*. Buenos Aires: Nueva Visión, 1984.

LOEWENSTEIN, R. J. Dissociation debates: everything you know is wrong. *Dialogues Clin Neurosci.*, v. 20, n. 3, p. 229-242, 2018. Disponível em: <https://www.ncbi.nlm.nih.gov/pmc/articles/PMC6296396/>. Acesso em: 9 de ago. 2020.

MALEVAL, J-C. *Locuras histéricas y psicosis disociativas*. Buenos Aires: Paidós, 1987.

MARALDI, E. de O. Transtorno dissociativo de identidade: aspectos diagnósticos e implicações clínicas e forenses. *Fronteiras Interdisciplinares do Direito*, v. 2, n. 2, p. 32-66, 2019. Disponível em: <https://revistas.pucsp.br/fid/article/view/2>. Acesso em: 09 ago. 2020.

A HISTERIA NA CONTEMPORANEIDADE: RELATO DE CASO

Diego Peixoto de Souza
Sérgio de Campos

INTRODUÇÃO

Este relato de caso baseia-se no acompanhamento diário de uma paciente admitida em enfermaria psiquiátrica, devido à ideação de autoextermínio com planejamento suicida. A clínica da histeria na contemporaneidade é abordada destacando sua apresentação e manejo, sua procedência histórica, sua origem sob a ótica psicanalítica e algumas de suas características como a identificação com o pai e o gozo na permanência do desejo insatisfeito. Além disso, o relato promove a reflexão a respeito do apagamento da categoria neurose e da fragmentação da histeria como categoria diagnóstica no *Manual Diagnóstico e Estatístico de Transtornos Mentais* – DSM. Entende-se que a histeria é importante como diagnóstico estrutural pela função de historicizar o sofrimento do sujeito sem subordiná-lo uma determinação biológica que implicaria na sua desresponsabilização.

RELATO DE CASO

Trata-se de Lisa (nome fictício), 18 anos, natural do interior de Minas Gerais, onde mora com a mãe. É solteira, testemunha de Jeová, não tem filhos, cursa o terceiro ano do ensino médio e não trabalha.

Admitida no Instituto Raul Soares – IRS devido à piora do seu quadro depressivo nos últimos meses, com ideação e planejamento suicida. História de tentativa prévia de autoextermínio após ingesta medicamentosa que culminou em uma admissão no CTI do hospital de sua cidade. Não havia história de uso de substâncias lícitas e ilícitas. Sem histórico de transtornos psiquiátricos diagnosticados em familiares de primeiro grau. Constava uso domiciliar de carbonato de lítio 900 mg/dia, lamotrigina 50 mg/dia, venlafaxina 150 mg/dia, topiramato 50 mg/dia e olanzapina 2,5 mg/dia.

Em sua admissão, Lisa conta ter sido fruto de um adultério. Afirma que sua mãe traiu o esposo com o melhor amigo dele na época, o pai biológico de Lisa. O adultério foi descoberto e os dois se divorciaram enquanto a mãe ainda estava grávida de Lisa. Relatou que na infância sofria violência física por parte da mãe e que com isso já chegou a ser levada inconsciente para o hospital da cidade. Mencionava também violência psicológica por parte da matriarca que proferia ofensas diversas: "feia", "gorda" e "cabelo duro". Conta ter sido abusada sexualmente pelo meio irmão materno, oito anos mais velho. Lisa não sabia especificar quando os abusos começaram, mas afirmava que cessaram aos 11 anos: "*Ele achou uma namorada e eu deixei de ser o depósito de esperma dele*". Aos 13, Lisa decidiu contar para sua mãe, com receio de que ela não acreditasse: "*Contei e ela acreditou, mas não fez nada. Ela fala que expulsou meu irmão de casa por causa disso, mas não foi. Foi porque ele não seguia os princípios da nossa religião*". Afirmava que sua mãe era testemunha de Jeová e impunha sua doutrina aos filhos.

Conta que desde pequena estava sempre doente, com muitas queixas. Sua mãe a levava ao hospital, onde faziam exames, todos normais. Submetia-se a tratamentos, tomava medicamentos, mas suas queixas mantinham-se. Até que o médico da cidade atribuiu o quadro a uma depressão. Passou então a ser acompanhada por um psiquiatra e uma psicóloga. Também foi oferecido tratamento para a mãe, mas ela não aceitou.

Segundo Lisa, seu pai a assumiu aos 2 anos, após a comprovação da paternidade. Lisa acreditava que ele não se importava com ela. Frequentemente demandava bens materiais dele. Acreditava que o pai era rico, a despeito dele atuar como pintor residencial autônomo. Diante das negativas do pai, que alegava dificuldades financeiras, Lisa frustrava-se e apresentava comportamento impulsivo muitas vezes recorrendo à automutilação.

Durante a internação, Lisa falava que após a alta hospitalar não voltaria para sua cidade. Tinha intenção de mudar-se para Belo Horizonte para viver com seu tio paterno. O tio de Lisa era empresário e já foi bem remunerado. Nessa época, dava presentes aos sobrinhos, incluindo Lisa. Ela contava que tudo que pedia ao pai era negado e então recorria ao tio. Na ausência de Lisa, seu tio afirmou não ter condições de abrigá-la em Belo Horizonte, mas disse que estaria disposto a procurar um emprego para ela em sua cidade natal. Quando Lisa ficou ciente disso chorou bastante e demandou contenção mecânica para não se automutilar.

Nos momentos em que julgava que Lisa estava bem e com isso programava sua alta, ela ameaçava suicidar-se, uma vez que isso implicaria em voltar para sua cidade natal. Pensava que, se fosse morar com o pai, ele a deixaria passando fome e logo teria de voltar para a casa de sua mãe. Na proximidade da genitora afirmava perder a autonomia de suas escolhas, tornando-se pueril como uma criança. Dizia ser um "boneco vodu" da mãe. Curiosamente, a mãe de Lisa foi muito presente na internação. Visitava a filha sempre que podia e normalmente aparentava ser carinhosa e Lisa correspondia aos afagos algo que evidenciava a dinâmica complexa desse relacionamento.

Lisa foi medicada na internação com fluoxetina 40 mg/dia (a família não conseguia mais arcar com os custos da venlafaxina e devido ao risco de autoextermínio bem como preocupações da paciente com o peso, optou-se por não introduzir tricíclicos), clonazepam 2,5 mg/dia em gotas distribuídas ao longo do dia para manejo dos episódios de ansiedade e insônia, valproato de sódio 500 mg/dia com a finalidade de reduzir a impulsividade que levava a paciente à automutilação (o carbonato de lítio foi suspenso, porque paciente associava a medicação com ganho de peso prévio levando ao prejuízo na adesão ao tratamento) e quetiapina 100 mg/dia para controle da insônia. Fez uso de risperidona no lugar da quetiapina 2 mg/dia, mas apresentou bradicinesia. Lisa era bastante suscetível aos efeitos colaterais das medicações.

Nas entrevistas diárias, Lisa trazia listas com lembretes do que falar. O conteúdo era amplo, englobando queixas diversas (constipação, lombalgia, dor nos membros inferiores, alergia, pirose, rinite, sinusite, bronquite, piora da acuidade visual entre outros), reclamações quanto às outras pacientes e aos funcionários do hospital, sugestões quanto à condução do tratamento, demandas de exames, medicações, consultas com especialistas como oftalmologista e ginecologista bem como uma avaliação da nutricionista: "*Preciso de uma marmita só com frutas. Não quero almoço, me curei da bulimia infelizmente*".

Lisa em geral culpava os outros por todo o seu sofrimento, por todas as desgraças que aconteciam em sua vida. No entanto, certo dia vi em sua lista de lembretes o seguinte questionamento: "*Perguntar se eu sou o problema, se sou realmente insuportável*". Observei então que minha contratransferência negativa existia e que provavelmente estaria visível para ela. Diante disso, mudei a forma como conduzia o caso abordando temas em nossas entrevistas que fugiam do contexto hospitalar e passei a conversar sobre assuntos que eram de seu interesse. Lisa então introduziu-me ao universo do pop coreano (K-pop), estilo de música que gostava, passou a conversar comigo em inglês e diante do seu conhecimento em ballet e jazz, criei uma oficina na qual Lisa ensinava às outras pacientes os movimentos de dança. Passei a acolher suas demandas, o que não necessariamente significaria realizá-las. Com isso observei que o vínculo transferencial com Lisa melhorou e nesse momento pedi que ela ajudasse a construir soluções para sua alta.

A partir daí Lisa começou a propor saídas não muito viáveis para seu problema, como receber três mil reais do seu pai e do seu tio para alugar um apartamento em Belo Horizonte, permanecer internada por mais três meses na expectativa de que o tio pudesse abrigá-la, ir morar com uma outra paciente do serviço que acabara de receber alta hospitalar. Apesar de ver todas essas soluções como absurdas, diante do contexto, uma pareceu ainda mais estranha: "*Posso morar na sua casa, eu lavo, passo e cozinho pra você*".

Lisa revelou então que estava apaixonada por mim, algo que me incomodou bastante fazendo com que eu encerrasse a entrevista o mais rápido possível. Imaginei que a solução seria sair do caso, no entanto a opinião da preceptoria foi diferente: "*Que bom, agora ela vai melhorar!*", disse-me. Posteriormente, encontrei Lisa hostil. Dizia: "*Pode me dar alta, se eu for pra minha cidade meu destino é certo, a morte. Não vá no meu enterro. Não quero voltar pra cá, não quero te ver mais. Você não liga pra mim, eu sou só uma paciente pra você*". Optei por sair da enfermaria. Voltei mais tarde e encontrei outra Lisa, já calma e envergonhada. Disse que tinha uma carta para mim.

Lisa escreveu que sua atitude de redigir uma carta de amor era deplorável e infantil. Contava que a despeito de ter se relacionado previamente com homens e mulheres, essa era a primeira vez que se apaixonava por alguém. Dizia que eu merecia uma mulher "*mais bonita, mais magra e mais inteligente*" e afirmava saber que eu era "*UM MÉDICO*" e ela "*um lixo sujo*". Não tinha esperanças de ser correspondida e pontuava que eu poderia afastar-me dela se assim quisesse. Tentaria esquecer-se de mim frequentando baladas, fazendo uso de drogas lícitas e ilícitas e relacionando-se cada dia como uma mulher diferente. Tinha a visão de que eu era um ótimo médico e que para mim ela era "*uma paciente a mais, a coisa que vai passar em branco*". Também falava que faria tudo que eu propusesse para ela, submetendo-se à minha vontade e então citava um trecho de uma canção de K-pop: "*Se o amor é brincadeira, me use impiedosamente*". Com discurso autodepreciativo, assegurava ser a princesa ogra do filme "Shrek" e que dos anjos era o que foi "*expulso do céu, um demônio*". Por fim, diante do seu sofrimento, expunha o fato de querer não se apaixonar novamente e justificava: "*Primeiro porque dói, segundo porque eu nunca vou ser correspondida. Ficar com pessoas só por ficar é o meu destino*". Despedia-se culpando-se pelo ocorrido, por ter "*apaixonado sem perceber*" e encerrava a carta com: "*De: sua Lisa*".

Quando a encontrei novamente, optei por não comentar o conteúdo da carta. Falei sobre temas diversos, como fazia habitualmente. Continuei a estimular Lisa a construir soluções para o seu problema. Passei a tratar a situação de forma neutra. Ela também deixou de comentar sobre o assunto. Observei que Lisa parou de apresentar intercorrências. Não se queixava mais de insônia, não demandava mais do plantão, não pedia ajustes medicamentosos, suas listas de demandas desapareceram. Procurava uma solução para seu problema.

Certo dia, fez contato com uma amiga virtual do nordeste do país e recebeu o convite para morar com ela, sob duas condições: deveria voltar a estudar e parar de se machucar. Juntamente com a equipe multiprofissional, foi feito contato com essa amiga e com familiares na possibilidade de avaliarmos a articulação da alta da paciente. O pai acordou com a ideia, disse que estaria disposto a pagar a passagem da filha. A mãe da paciente soube da proposta em uma visita. Era visível o seu desconforto com a situação. Em reunião conosco, afirmou que tentou convencer a filha de que essa não seria a melhor solução; no entanto, disse que não a impediria. A equipe multiprofissional fez contato com os serviços de saúde mental articulando a alta da paciente com a rede de saúde mental. Após 54 dias de internação, Lisa recebeu alta. Da última vez que fiz contato com a família soube que Lisa estava bem, morando no nordeste do Brasil, concluindo o ensino médio e preparando-se para o vestibular.

DISCUSSÃO

Com o estabelecimento de um vínculo transferencial, associado ao ajuste farmacológico, ao acompanhamento intensivo da equipe multiprofissional e ao afastamento das figuras parentais devastadoras propiciado pela distanciamento físico inerente à internação, Lisa abandona o lugar de refém das vontades da mãe, deixa de ser o seu "boneco de vodu" e adquire autonomia ao assumir seu lugar de sujeito na construção uma solução, diga-se de passagem, um tanto quanto exótica, mas eficaz para o seu problema.

Aos olhos do DSM-5, Lisa é uma jovem com transtorno de personalidade borderline, com seus padrões de relacionamentos instáveis, perturbações da autoimagem, comportamentos suicidas e automutilantes, instabilidades afetivas e sentimentos crônicos de vazio (APA, 2013). Em contrapartida, sob a ótica psicanalítica, encontramos uma histérica, filha indesejada, produto de um adultério e objeto de sua mãe destrutiva e opressora. Em correspondência, Lisa não se sente inscrita no desejo do outro e contesta com uma demanda de amor dirigida de modo exigente e infinita à sua mãe, da qual recebe como retorno a devastação (Campos, 2015).

O termo "histeria" data da época de Hipócrates, que acreditava que a sua origem estaria relacionada à migração uterina e ao acúmulo de substâncias humorais decorrentes da abstinência sexual. Como consequência, as histéricas experimentariam um conjunto de sintomas incluindo tremores, cegueiras, amnésias, desmaios, entre outros. Com

Galeno, houve a ideia de que a retenção do esperma poderia causar um quadro semelhante, possibilitando que esse diagnóstico também fosse atribuído aos homens. Charcot, ao final do século XIX, ilustrava a técnica da hipnose no tratamento de pacientes histéricas na Salpêtrière para uma plateia seleta que incluía grandes nomes, como Freud, possibilitando posteriormente o surgimento da psicanálise (Eizirik; Aguiar; Schestatsky, 2005).

É comum que indivíduos histéricos sejam tratados como portadores de transtornos diversos, como quadros de humor, ansiedade, transtornos alimentares, dissociativos, conversivos e outros que fazem parte da atual nosologia psiquiátrica. Com isso, enganos terapêuticos tornam-se frequentes na clínica, com prescrição inadequada das mais diversas medicações. Isso propicia a regressão, dependência e infantilização (Eizirik; Aguiar; Schestatsky, 2005). Um exemplo disso é o fato de Lisa frequentemente acionar o plantão noturno do hospital queixando-se de insônia e ser medicada mesmo a despeito do relato dos plantonistas de que a paciente lutava contra o sono apenas para receber alguma medicação.

Sobre a origem da histeria do ponto de vista psicanalítico, Freud aponta que a menina, ao nascer, tem uma relação intensa com sua mãe, um forte apego. No entanto, ao constatar que a mãe é castrada, a menina a culpa por não ter lhe dado um falo e assim entra no complexo de Édipo (Simões, 2007). A menina, então, troca o objeto de desejo pelo pai, sendo essa identificação amorosa com a figura paterna característica da histeria (Simões, 2007; Assis, 2017). Contudo, o pai também será sempre insuficiente, uma vez que não é capaz de reparar a falta do falo para a filha, fazendo com que o dom fálico que ela recebe seja marcado por uma virilidade debilitada, impotente. Assim, a histérica ama o pai pelo que ele não pode lhe dar, pelo que não tem. Em sua busca por reparar essa falta, a histérica dedica-se com uma demanda sem fim, vivendo num estado latente de insatisfação que não se restringe unicamente ao registro sexual, mas que se estende para a totalidade da vida (Simões, 2007).

Para a histérica, avisar que o desejo continua insatisfeito é a melhor maneira de confirmar que ele existe. O gozo, de certa forma, é como um prazer no desprazer, é a permanência do desejo insatisfeito (Simões, 2007). Essa é a relação da histérica com o amor e com o desejo, que se pontua na insatisfação. Tentar satisfazer às listas de demandas de Lisa era uma tarefa impossível, uma vez que outras novas sempre surgiam e aquelas supostamente solucionadas por mim nunca eram boas o bastante para ela.

O caso de Lisa nos leva a refletir a respeito do apagamento da categoria da neurose e da fragmentação da histeria como entidade diagnóstica a partir do DSM-III. Nas duas primeiras versões do manual classificatório americano, de orientação psicanalítica, a histeria constituía um quadro neurótico, sendo subdividida em tipo conversivo e tipo dissociativo. A partir de 1980, com o DSM-III, observa-se a fragilização das relações entre a psiquiatria e a psicanálise, com o deslocamento da psiquiatria para o campo das ciências biológicas mantido até o atual DSM-V, com fundamentação na psiquiatria baseada em evidências (Uhr, 2014; Martinhago; Caponi, 2016). Tem-se dessa forma a ideia de que os distúrbios psiquiátricos se manifestam por meio de um conjunto peculiar de sinais e sintomas com curso previsível e resposta a um tratamento específico. No DSM-III-R desaparece completamente a ideia de que conversão e dissociação são modos de apresentação da histeria. Assim, a histeria torna-se desconfortável como entidade diagnóstica e é excluída dos manuais com sua fragmentação em outros diagnósticos (Uhr, 2014; Martinhago; Caponi).

A histeria nos faz pensar na origem dos sintomas pelo fato dela se apresentar na forma com a qual o paciente fala sobre si e não simplesmente como critérios diagnósticos de um transtorno qualquer. Assim, como diagnóstico, tem como função historicizar o sofrimento não o subordinando a uma determinação biológica que implicaria desresponsabilização do sujeito. A histeria ajuda a compreender os laços sociais e evidencia que o sofrimento se encontra na relação com o outro, e não simplesmente na química mental que caracteriza a época atual (Dunker, 2016).

CONCLUSÃO

A histeria foi excluída dos manuais diagnósticos, no entanto as histéricas (e histéricos) estão mais vivos do que nunca e não costumam ler o DSM antes de recorrerem à psiquiatria com seus desejos permanentemente insatisfeitos. Sanar todas as demandas desses pacientes pode contribuir para que não se tornem protagonistas de suas vidas. É importante deixar um espaço para que o próprio saber do sujeito esteja a seu favor. Essa é uma alternativa interessante quando pensamos que o tratamento da histeria de fato requer um refinamento que nem sempre se apresenta ao jovem psiquiatra que muitas vezes é orientado a medicar tristeza e ansiedade, que podem ser consequências e não causas possíveis para o sofrimento do paciente. Cabe aos psiquiatras ter uma visão crítica da atuação, com ênfase na escuta e não apenas no manejo do arsenal farmacológico disponível para anestesiar os sofrimentos.

REFERÊNCIAS BIBLIOGRÁFICAS

AMERICAN PSYCHIATRIC ASSOCIATION - APA. *Diagnostic and Statistical Manual of Mental Disorders, Fifth Edition (DSM-V).* Arlington, VA: American Psychiatric Association, 2013.

CAMPOS, S. de. *Supereu/Uerepus*: das origens aos seus destinos. Belo Horizonte: Escola Brasileira de Psicanálise, 2015.

EIZIRIK, C. L.; AGUIAR, R. W. de; SCHESTATSKY, S. S. *Psicoterapia*: orientação analítica; fundamentos teóricos e clínicos. 3. ed. Porto Alegre: Artmed, 2005.

SIMÕES, R. B. F. A recusa histérica a satisfação do desejo. *Psicologia para América Latina*, 2007. Disponível em: <http://pepsic.bvsalud.org/scielo.php?script=sci_arttext&pid=S1870-350X2007000300010>. Acesso em: 27 jul. 2019.

ASSIS, R. M. de. O amor pelo pai na histeria. *Almanaque On-line*, n. 18, 2017. Disponível em: <http://almanaquepsicanalise.com.br/o-amor-pelo-pai-na-histeria>. Acesso em: 27 jul. 2019.

UHR, D. *O apagamento do sujeito na clínica contemporânea: o exemplo da psiquiatria biológica.* Tese (Doutorado), Programa de Pós-graduação em Psicologia Clínica, Pontifícia Universidade Católica do Rio de Janeiro, Rio de Janeiro, 2014.

MARTINHAGO, F.; CAPONI, S. Patologias mentais: uma breve história das classificações psiquiátricas. *Anais Eletrônicos do 15º Seminário Nacional de História da Ciência e da Tecnologia*, Florianópolis, Santa Catarina, 2016. Disponível em: <https://www.15snhct.sbhc.org.br/resources/anais/12/1473771677_ARQUIVO_Artigohistorico_seminario.pdf. >. Acesso em: 27 jul. 2019.

DUNKER, C. *O que é a histeria hoje?*. 2016. Disponível em: <https://www.youtube.com/watch?v=IF3iPaWr6Hk>. >. Acesso em: 27 jul. 2019.

SÍNDROME DE DIÓGENES PÓS ACIDENTE VASCULAR ENCEFÁLICO

Camila Mendes Guimarães
Thalisson Xavier Sousa
Marina Janot Pacheco de Castro
Tárik Jabour Venuto
Francisco de Assis Pinto Cabral Júnior Rabello
Lorena Bórgia Moreira Maia
Carlos Eduardo Leal Vidal

INTRODUÇÃO

A Síndrome de Diógenes – SD refere-se a uma condição neurocomportamental caracterizada por isolamento social, descuido pessoal e habitacional significativos, acumulação patológica e comprometimento do juízo crítico, podendo haver manifestações paranoides associadas (Assal, 2018; Stumpf; Rocha, 2010). Não se trata de uma doença específica e, como tal, não consta nos principais sistemas de classificação, como a quinta edição do *Manual Diagnóstico e Estatístico de Transtornos Mentais – DSM-V* e a *Classificação Estatística Internacional de Doenças e Problemas Relacionados com a Saúde – CID-10.*

No entanto, a semiologia da SD guarda muitas semelhanças com os critérios clínicos do Transtorno de Acumulação – TA. Todo indivíduo diagnosticado com TA possui, ao menos, um critério secundário para a SD: a relação patológica com objetos. As principais diferenças entre as duas condições se referem à falta de apego aos objetos acumulados, ausência de sofrimento em relação ao comportamento e falta de juízo crítico na SD (Khan, 2017). Apesar de serem entidades distintas (Khan, 2017), sugere-se que possam ser representadas por duas dimensões: uma, a da acumulação, que seria a expressão principal do TA, e a outra, caracterizada pelo predomínio da sujeira doméstica e pessoal (Assal, 2018), a mais importante expressão da SD (Lavigne et al, 2016).

Os dados epidemiológicos da SD não são bem definidos, uma vez que os pacientes não se queixam e os casos geralmente são relatados por vizinhos, familiares ou profissionais da saúde, especialmente assistentes sociais (Assal, 2018). Estima-se uma incidência de cinco casos para cada 10.000 indivíduos com 60 anos ou mais (Macmillan; Shaw, 1966). Um estudo retrospectivo realizado na França verificou a ocorrência de 1,6 casos por 10.000 habitantes, dentre os quais apenas 25% apresentavam a síndrome completa e 75% a forma parcial (Monfort; Hugonot-Diener; Devouche; Wong; Péan, 2010). Os pacientes tendem a ser idosos, com média de idade superior a 70 anos, apesar de haver descrição de casos em pacientes jovens (Clark; Mankikar; Gray, 1975). Foi observado que a gravidade dos sintomas de acúmulo intensifica-se com o avançar da idade (Roane; Landers; Sherratt; Wilson, 2017). Parece não haver diferença significativa entre os sexos (Cath; Nizar; Boomsma; Mathews, 2017), e, quanto ao estado civil, observou-se maior ocorrência em indivíduos solteiros e viúvos (Almeida; Ribeiro, 2012).

Considerando os prejuízos funcionais e sociais na vida dos seus portadores, bem como os impactos em termos de saúde pública, este trabalho visa apresentar um caso de SD ocorrido após acidente vascular encefálico hemorrágico e discutir suas características psicopatológicas e terapêuticas.

RELATO DE CASO

Mulher, 61 anos, viúva, três filhos, trabalhou como auxiliar de serviços gerais em escola do município, sendo aposentada por doença mental em 2011. Aos 42 anos, a paciente sofreu Acidente Vascular Encefálico hemorrágico – AVEh, com necessidade de abordagem cirúrgica. A partir de então, passou a apresentar alterações psiquiátricas marcantes caracterizadas por ideação persecutória (pessoas observando a casa com binóculo, perseguição por colegas de trabalho e vizinhos, funcionária roubou seu número de registro profissional) e de grandeza (políticos nacionais e internacionais a conheciam, falava da formação do filho como superior, do pai como alguém que tinha muito dinheiro). Começou a se isolar das pessoas (saía sempre sozinha, ia à Igreja e sentava-se no último banco, não tinha amigos). Paralelamente, iniciou comportamento compulsivo na aquisição e armazenamento de objetos (acumulava sacolas, baldes, bolsas, cobertores, sabão líquido, eletrodomésticos, dentre outros), o que, com o passar do tempo e com a quantidade de material acumulado, tornou sua casa disfuncional. A perda da funcionalidade da moradia foi observada principalmente no banheiro (tomava banho em bacia), na cozinha (não tinha como preparar os alimentos) e no quarto de dormir (na sua cama só restava um pequeno espaço para se deitar). Além do descuido com a moradia, começou a descuidar-se da higiene pessoal e a negligenciar os afazeres domésticos. Os três filhos saíram de casa por dificuldades no convívio e a deixaram sozinha. Desde o início das manifestações psiquiátricas apresentou comprometimento da consciência de morbidade e consequente resistência em receber tratamento. O quadro evoluiu com piora progressiva, ocasionando queixas frequentes dos vizinhos devido à hostilidade da paciente (proferia palavras de baixo calão, xingamentos e acusações a vizinhos, conhecidos e desconhecidos nas ruas) e ao odor fétido que exalava da casa, culminando em inúmeros processos judiciais por injúria e difamação, relacionadas à sua ideação persecutória. Em uma ocasião, foi detida por desacato à autoridade. Somente anos depois do início da doença foi levada a tratamento psiquiátrico, mas sem adesão ao mesmo. Várias tentativas subsequentes de atendimento domiciliar por profissionais do Centro de Atenção Psicossocial - CAPS foram infrutíferas.

Em junho de 2018, foi admitida compulsoriamente em hospital psiquiátrico. Chegou acompanhada por um dos filhos, que auxiliou na confecção da história da paciente. À admissão, apresentava aparência extravagante e bizarra, excessivamente maquiada e usando muitas vestimentas. Recusou-se a entrar na unidade, com atitude hostil e suspicaz em relação à equipe e ao familiar que a acompanhava. Encontrava-se hipervigil e hipotenaz, com dificuldade de fixar a atenção durante a entrevista. Parcialmente orientada quanto ao tempo e orientada no espaço. Exibia elação do humor, exaltando suas qualidades, demonstrando sensação subjetiva de grandeza e de poder. Associava-se ainda irritabilidade patológica, com hiper-reatividade desagradável às abordagens da equipe. Quanto ao pensamento, o curso era acelerado, com uma ideia se sucedendo à outra rapidamente; seu conteúdo era predominantemente persecutório e de grandeza, sobretudo de poder, riqueza e prestígio. Expressava aumento de psicomotricidade associado ao taquipsiquismo. Demonstrava marcante prejuízo crítico de sua morbidade. Não foi observado comprometimento da inteligência, memória e linguagem. O filho ressaltou que a paciente nunca apresentou manifestações de ordem psiquiátrica antes do surgimento do quadro neurológico, e tinha funcionalidades laboral e social presentes. Informou ainda que a paciente sempre foi uma pessoa nervosa, enérgica e com baixo limiar de irritabilidade, tinha "*pulso forte*". Ao mesmo tempo, era uma mãe cuidadosa e caprichosa com a casa, "*mantinha tudo limpo e arrumado, cozinhava bem*". Não havia antecedente de uso de substâncias psicoativas. Morava sozinha na casa, cuidando de um irmão, portador de transtorno mental não especificado, que residia em cômodo anexo.

Os dados anamnésticos e o exame psíquico sugeriram o diagnóstico inicial de transtorno orgânico do humor. Foi iniciado tratamento com antipsicótico (Haloperidol), estabilizador de humor (Ácido Valproico) e um benzodiazepínico (Clonazepam). No hospital, a mesma demonstrava comportamento acumulador, recolhendo papel e outros objetos da sala de atividades terapêuticas e guardando-os junto ao seu leito. Além disso, paradoxalmente à sua condição de negligência pessoal, exibia manifestações de ordem obsessiva relacionadas à limpeza e contaminação. Tais sintomas foram identificados quando recusava alimentação, alegando que os pratos e talheres não se encontravam adequadamente limpos para o uso. Apresentava também ruminações obsessivas acerca de dívidas e outras pendências financeiras. Em alguns momentos, demonstrava provável dúvida patológica ao questionar, em várias ocasiões, se suas contas tinham sido realmente pagas. Ainda no decorrer da internação, foi realizada intervenção na sua casa a fim de recolher os objetos acumulados, entre os quais, havia inúmeros sacos plásticos, baldes, caixas, livros e resíduos de construção civil (Figura 1). A equipe foi notificada de que foram necessárias oito caçambas para deixar o ambiente mais salubre. Havia infestação por roedores.

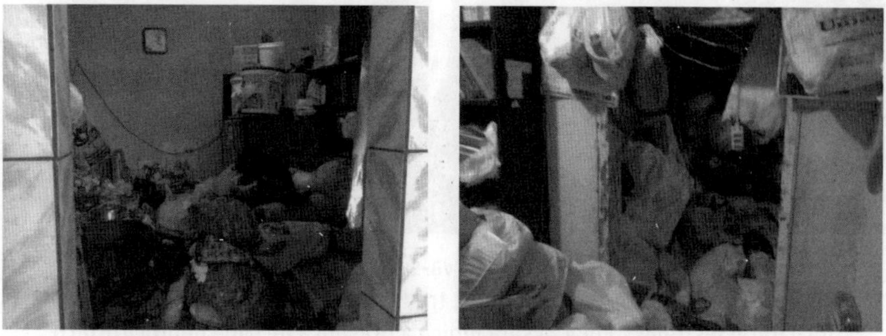

Figura 1 – Note-se que os objetos são empilhados e não usados pela paciente. A literatura retoma, com frequência, o termo "empilhamento patológico" nestes casos. (MACMILLAN; SHAW, 1966)

Fonte: Arquivo dos autores

Esses achados conduziram para o diagnóstico de SD. O Haloperidol foi substituído por Risperidona, em concordância com achados da literatura (STUMPF; ROCHA, 2010; HERRÁN; VÁZQUEZ-BARQUERO, 1999) que sugeriram melhores resultados com este fármaco, sendo suspensos o Ácido Valproico e o Clonazepam. Evoluiu com melhora da interação social, tanto com a equipe quanto com as demais pacientes. Tornou-se mais receptiva às visitas do filho. Com relação aos sintomas psiquiátricos, apresentou redução da atividade delirante, melhora da agitação psicomotora e maior organização do comportamento. Manteve, no entanto, comprometimento do juízo crítico. Não exibiu oscilações do humor no período.

Devido ao histórico médico, a paciente foi submetida a propedêutica laboratorial e tomografia computadorizada – TC de crânio durante a hospitalização. O resultado da TC evidenciou "presença de artefato metálico na transição entre a região frontobasal e o lobo temporal direito, sugestivo de clipe neurocirúrgico, secundário a aneurisma intracraniano sacular roto, e extensa área crônica de encefalomalácia no lobo temporal direito" (Figura 2).

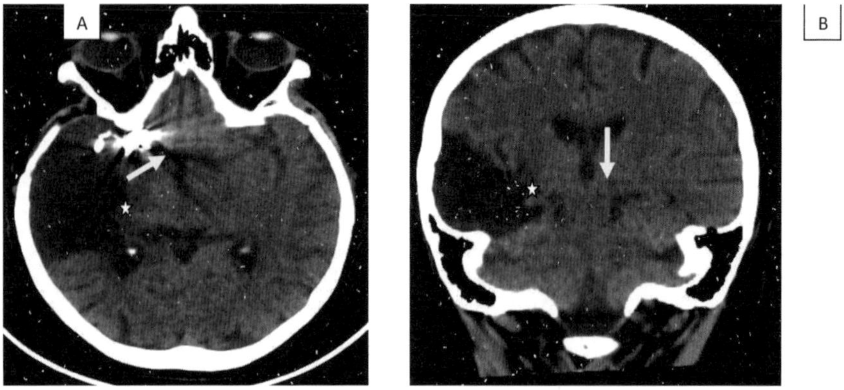

Figura 2 – TC de crânio. Observa-se extensa área cicatricial em lobo temporal direito com extensão à transição ventromedial do lobo frontal ipsilateral (estrelas). Em A, a seta indica a presença de clipe neurocirúrgico e, em B, a seta aponta para a lesão da região mesial temporal com gliose cicatricial e consequente perda severa do volume do hipocampo à direita.

Fonte: Arquivo dos autores.

Depois de aproximadamente dois meses de internação, a paciente foi transferida, também por ordem judicial, para realização de exame médico pericial (incidente de insanidade mental) em Hospital de Custódia e Tratamento. Contando o tempo nos dois serviços a paciente permaneceu internada por quatro meses e dezoito dias. Atualmente, encontra-se em acompanhamento em serviço ambulatorial de saúde mental e no CAPS. A adesão ao tratamento mantém-se frágil, sendo imprescindível o suporte dado pelos familiares.

DISCUSSÃO

A SD pode estar relacionada a várias condições neuropsiquiátricas como transtornos de humor, transtornos de ansiedade, processos demenciais, particularmente os de localização frontotemporal, uso de substâncias psicoativas, transtorno obsessivo-compulsivo – TOC, transtornos de personalidade, transtorno de estresse pós-traumático e acidente vascular encefálico (Stumpf; Rocha, 2010; Roane; Landers; Sherratt; Wilson, 2017). Essas condições podem se constituir como fatores predisponentes, precipitantes ou apenas como doenças sobrepostas (Almeida; Ribeiro, 2012).

De fato, os estudos sobre a síndrome fazem distinção entre SD primária e secundária, com esta última associada a diversos transtornos psiquiátricos. Em indivíduos jovens a SD geralmente está associada a transtornos psicóticos, quadros induzidos pelo álcool, transtornos afetivos ou ao TOC, enquanto no idoso é mais comum ocorrer isoladamente ou associada a quadros demenciais (Assal, 2018).

Considerando-se os critérios diagnósticos da SD, não há consenso na literatura. Alguns estudos utilizam critérios que compreendem o descuido e imundície doméstica, evidência de autonegligência, o fato de morar sozinho, a tendência a acumular e a falta de preocupação com o entorno (Halliday; Banerjee; Philpot; Macdonald, 2000). Nesta classificação, a paciente preencheria os critérios descritos acima. Outro modelo propõe a presença de um critério central, a ausência de demanda por ajuda de serviços médicos e sociais, e três secundários, como a relação patológica com os objetos, com o próprio corpo e com os outros (Monfort; Hugonot-Diener; Devouche; Wong; Péan, 2010). Segundo esta referência, a paciente exibiria a síndrome completa, visto que se enquadraria, também, nos critérios descritos.

A literatura aponta que a maioria dos pacientes portadores de SD possuem idade superior a 60 anos, moram sozinhos e não tem filhos (Assal, 2018), diferentemente do observado no caso descrito com relação a esse último aspecto e à idade de início. Durante a internação, a paciente apresentou também manifestações obsessivo-compulsivas e delirantes, as quais foram observadas em, respectivamente, 15% e 12% dos 67 casos relatados em revisão sistemática sobre a SD (Monfort; Hugonot-Diener; Devouche; Wong; Péan, 2010).

Com relação ao comportamento acumulador, a literatura indica que quando este ocorre, os objetos podem ser do mesmo tipo ou exibirem significativa heterogeneidade (Wong, 2013). No caso estudado, a paciente exibia uma diversidade considerável de objetos, que variava desde eletrodomésticos novos, sem uso prévio, a inúmeros sacos plásticos, baldes, livros e resíduos de construção civil. A partir da análise do caso e das imagens apresentadas, depreende-se que os objetos são acumulados sem uma finalidade específica. Diferentemente de uma coleção, os itens não são coletados por sua beleza, raridade, seu caráter curioso, valor documentário ou preço (Wong, 2013).

Embora seja mais observada em indivíduos idosos e relacionada a doenças neurodegenerativas, a SD no caso descrito se apresentou em uma paciente mais jovem, sem antecedentes psiquiátricos e cujo fator associado identificado foi um AVEh secundário à rotura de aneurisma sacular.

Na SD, os lobos frontais costumam estar lesionados, pois estão envolvidos nas funções executivas, de planejamento, organização, automonitoramento e controle de impulsos. Um estudo comparando alterações neurológicas entre sujeitos colecionadores e não colecionadores evidenciou que todos os indivíduos portadores do transtorno tinham lesões envolvendo o córtex pré-frontal. A área de maior sobreposição foi nas regiões mesial e pré-frontal inferior, bilateralmente, favorecendo levemente o hemisfério direito, onde se estendeu anteriormente para envolver o lobo frontal (Anderson; Damasio; Damasio, 2005).

Na TC de crânio realizada, apesar dos lobos frontais estarem relativamente poupados, a encefalomalácia atingiu a transição da região frontobasal para o lobo temporal, acometendo, dessa maneira, a topografia ventromedial do córtex pré-frontal além da região mesial do lobo temporal, o que é compatível com o descrito na literatura em pacientes com SD (Anderson; Damasio; Damasio, 2005; Albuquerque, 2002). É digno de nota que houve uma forte associação cronológica entre o ictus do AVEh e o quadro neuropsiquiátrico apresentado, o que reforça uma relação direta de causalidade.

Chama a atenção o fato da paciente não ter apresentado crises convulsivas ou alterações cognitivas no domínio de memória, comuns a lesões extensas da região mesial do lobo temporal. Um dos fatores que talvez tenha contribuído para o melhor prognóstico e desfecho do caso é que as funções executivas coordenadas pelo córtex pré-frontal não são proeminentemente lateralizadas e por isso são necessárias extensas lesões bilaterais para promover casos mais refratários da SD associada ao acidente vascular encefálico (Hasan, 2008). Por outra via, a SD associada à demência frontotemporal tem substrato patológico em ambos os lobos frontais, inferindo maior gravidade e comprometimento dos circuitos envolvidos nas funções executivas. Isto se deve a uma síndrome de desconexão degenerativa de áreas corticais antes interconectadas e responsáveis por atividades como percepção simbólica do socialmente aceitável, tomada de decisões, planejamento, julgamento, além da perda da capacidade de controle de impulsos (Albuquerque, 2002), o que leva ao comportamento colecionador típico da SD.

CONCLUSÃO

É fundamental considerar os possíveis diagnósticos diferenciais e condições comórbidas envolvendo um paciente com suspeita de SD, tais como os descritos acima. Indica-se avaliação psiquiátrica e neurológica, além de realização de exame de imagem do crânio e revisão laboratorial (Stumpf; Rocha, 2010).

O tratamento depende dos sintomas psiquiátricos subjacentes e é dificultado pela negação do paciente quanto à sua condição. Devido à falta de ensaios clínicos randomizados, não existe diretriz de tratamento farmacológico (Assal, 2018). Tratamentos específicos para a síndrome são apresentados apenas em relatos de casos, especialmente com a Risperidona (Stumpf; Rocha, 2010) e também com Quetiapina e Ácido Valproico (Assal, 2018). Aparente sucesso foi observado com terapia cognitivo-comportamental (Waserman; Hategan; Bourgeois, 2014). De fundamental importância é o suporte familiar, assim como os cuidados prestados na comunidade (Stumpf; Rocha, 2010), os quais incluem visitas domiciliares feitas por profissionais de saúde mental e ajuda na realização das tarefas domésticas (Macmillan; Shaw, 1966).

REFERÊNCIAS BIBLIOGRÁFICAS

ANDERSON, S. W.; DAMASIO, H.; DAMASIO, A. R. A neural basis for collecting behaviour in humans. *Brain*, v. 128, p. 201-212, 2005.

ALBUQUERQUE, M. L. Síndromes frontais: avaliação do lobo frontal e suas conexões. *Psicologia*, v.16, n.1, p. 123-155, 2002. Disponível em: <http://www.scielo.mec.pt/scielo.php?script=sci_arttext&pid=S0874-20492002000100007&Ing=pt&nrm=iso>. Acesso em: 19 ago. 2019.

ALMEIDA, R.; RIBEIRO, O. Síndrome de Diógenes: revisão sistemática da literatura. *Rev. Port. Sau. Pub.*, v. 30, n. 1, p. 89-99, 2012. Disponível em: <http://www.scielo.mec.pt/scielo.php?script=sci_arttext&pid=S0870-90252012000100011&lng=pt>. Acesso em: 01 jul. 2021.

ASSAL, F. Diogenes Syndrome. BOGOUSSLAVSKY, J. (Ed.) Neurologic--Psychiatric Syndromes in Focus. Part I – From Neurology to Psychiatry. *Front Neurol Neurosci. Basel*, v. 41, p. 90-97, 2018.

CATH, D. C.; NIZAR, K.; BOOMSMA, D.; MATHEWS, C. A. Age-specific prevalence of hoarding and obsessive compulsive disorder: a population-based study. *Am J Geriatr Psychiatry*, v. 25, n. 3, p. 245-55, 2017.

CLARK, A.; MANKIKAR, G.; GRAY, I. Diogenes syndrome. A clinical study of gross neglect in old age. *Lancet*, v. 305, p. 366-368, 1975.

HALLIDAY, G.; BANERJEE, S.; PHILPOT, M.; MACDONALD, A. Community study of people who live in squalor. *Lancet*; v. 355, p. 882–886, 2000.

HASAN, R. Consciência e cognição. In: NOLTE, J. *Neurociência*. Rio de Janeiro, Elsevier, 2008.

HERRÁN, A.; VÁZQUEZ-BARQUERO, J. L. Treatment of Diogenes syndrome with risperidone. *AgingNeuropsycholCognition*, v. 6, p. 96-98, 1999.

KHAN, S. Diogenes syndrome: a Special manifestation of hoarding disorder. *Am. J. Psychiatry Residents J.*, v. 12, p. 9-11, 2017.

LAVIGNE, B. et al. Syndrome de Diogène et Hoarding disorder: unemêmeentité?. *Encéphale*, 2016.

MACMILLAN, D.; SHAW, P. Senile breakdown in standards of personal and environmental cleanliness. *Br Med J*, v. 2, p. 1032-1037, 1966.

MONFORT, J-C.; HUGONOT-DIENER, L.; DEVOUCHE, E.; WONG, C.; PÉAN, I. Le syndrome de Diogène et lessituationsapparentées d'auto-exclusion-sociale. Enquête descriptive. *Psychol NeuroPsychiatrVieil*, v. 8, p. 141-153, 2010.

ROANE, D. M.; LANDERS, A.; SHERRATT, J.; WILSON, G. S. Hoarding in the elderly: a critical review of the recent literature. *IntPsychogeriatr*, v. 29, n. 7, p. 1077-84, 2017.

STUMPF, B. P.; ROCHA, F. L. Síndrome de Diógenes. *J. bras. Psiquiatr*, v. 59, n. 2, p. 156-159, 2010. Disponível em: <http://www.scielo.br/scielo.php?script=sci_arttext&pid=S0047-20852010000200012&lng=en>. Acesso em: 01 jul. 2021.

WASERMAN, J. E.; HATEGAN, A.; BOURGEOIS, J. A. Harnessing neuroplasticity in Diogenes syndrome: a proposed mechanism to explain clinical improvement. *GenHospPsychiatry*; v. 36, p. 761.e3-e5, 2014.

WONG, C. Le Syndrome de Diogène: description clinique et conduit à tenir. *NPG Neurologie - Psychiatrie – Gériatrie*, v. 13, p. 51-60, 2013. Disponiblenlignesurwww.sciencedirect.com.

SOBRE OS AUTORES

ALEXANDRE COSTA VAL

Psiquiatra, Doutor em Saúde Coletiva (CPqRR/FIOCRUZ). Pós-doutor em Psicanálise pela UFMG. Professor Adjunto da Escola de Medicina da UFOP.

ANA LUÍZA SILVA MÜLLER

Graduada em Medicina pela Universidade Federal de Juiz de Fora. Residente em Psiquiatria pelo Hospital das Clínicas da Faculdade de Medicina da UFMG.

ANA PAULA ALCÂNTRA FREITAS

Médica pela Faculdade Unifenas. Psiquiatra pelo Hospital das Clínicas da UFMG. Residente do Programa de Psiquiatria da Infância e Adolescência do HC/UFMG.

CAMILA MENDES GUIMARÃES

Médica graduada pela UFMG. Psiquiatra pelo Centro Hospitalar Psiquiátrico de Barbacena.

CARLOS EDUARDO LEAL VIDAL

Faculdade de Medicina de Barbacena. Doutor em Saúde Pública/Epidemiologia pela UFMG.

DIEGO PEIXOTO DE SOUZA

Psiquiatra pelo Instituto Raul Soares – IRS/FHEMIG.

EDMUNDO ARAÚJO NETO

Psiquiatra pelo Instituto Raul Soares - IRS/FHEMIG. Residente de Psicoterapia do Programa de Residência Médica do Instituto Raul Soares - IRS/FHEMIG. Médico pela Faculdade de Medicina de Petrópolis. Professor do curso de Medicina da PUC/MG - Betim.

ELISA ALVARENGA

Médica psiquiatra. Psicanalista membro da Escola Brasileira de Psicanálise - EBP e da Associação Mundial de Psicanálise - AMP. Mestre em Filosofia pela UFMG. Doutora em Psicanálise pela Université Paris 8.

FRANCISCO DE ASSIS PINTO CABRAL JÚNIOR RABELLO

Mestre em Neurologia pela UFF. Médico neurologista pela FHEMIG.

GIULIA CAMPOS LAGE

Residente em Psiquiatria pelo Instituto Raul Soares - IRS/FHEMIG.

LARRIC JOHNNY MALACARNE

Psicólogo. Psicanalista em formação. Especialista em Saúde Mental pelo Programa de Residência Multiprofisssional em Saúde Mental do Instituto Raul Soares -IRS/FHEMIG.

LORENA BÓRGIA MOREIRA MAIA

Psicóloga, Complexo Hospitalar Psiquiátrico de Barbacena - CHPB/FHEMIG.

LUDMILA OLIVEIRA MAIOLINI

Graduada em Medicina pela UFSCar. Residente em Psiquiatria pelo Instituto Raul Soares - IRS/FHEMIG.

LUÍS FERNANDO DUARTE COUTO

Médico formado pela UFMG. Psicanalista em formação. Residência em Psiquiatria pelo Instituto Raul Soares - IRS/FHEMIG. Mestre em Promoção da Saúde e Prevenção da Violência pela UFMG. Doutorando em Estudos Psicanalíticos pela UFMG. Preceptor da Residência de Psiquiatria do Instituto Raul Soares - IRS/FHEMIG.

MARJORE NOVAES FARIA

Médica pela Faculdade Ciências Médicas de Minas Gerais. Psiquiatra pelo Hospital das Clínicas da UFMG.

MARIA CLARA SOARES SILVEIRA CARDOSO

Médica pela Unimontes, Psiquiatra pelo Hospital das Clínicas da UFMG.

MARCONI MARTINS DA COSTA GUEDES

Mestre em Estudos Psicanalíticos pela UFMG. Psicólogo do Instituto Raul Soares – IRS/FHEMIG. Coordenador do Núcleo de Ensino e Pesquisa e do Programa de Residência Multiprofissional em Saúde Mental do Instituto Raul Soares – IRS/FHEMIG. Docente da FAMINAS e dos cursos de Pós-graduação em Saúde Mental e Clínica Psicanalítica na Atualidade, da PUC Minas – Belo Horizonte.

MARINA JANOT PACHECO DE CASTRO

Médica pela Faculdade de Medicina de Barbacena. Psiquiatra pelo Centro Hospitalar Psiquiátrico de Barbacena – CHBP/FHEMIG, Residente em Psiquiatria da Infância e Adolescência pelo Centro Psíquico da Infância e Adolescência – CEPAI/FHEMIG.

MAURÍCIO VIOTTI DAKER

Ex-diretor clínico do Instituto Raul Soares – FHEMIG. Professor aposentado do Departamento de Saúde Mental da FM/UFMG. Doutor em Medicina/Psiquiatria pela Universidade de Heidelberg (CAPES-DAAD). *Postgraduate Award* em Filosofia da Mente e Saúde Mental pela Universidade de Warwick.

PEDRO FILGUEIRAS DE CAMPOS

Médico formado pela FASEH.

RAFAEL MIRANDA DE OLIVEIRA

Médico formado pela Faculdade de Medicina de Barbacena, Residência em Psiquiatria e Psicoterapia pelo Instituto Raul Soares – IRS/

FHEMIG. Mestre em Promoção da Saúde e Prevenção da Violência pela Faculdade de Medicina da UFMG. Doutorando em Estudos Psicanalíticos pela UFMG. Preceptor da Residência em Psiquiatria do Instituto Raul Soares – IRS/FHEMIG. Professor Adjunto do curso de Medicina da FAMINAS BH. Membro do Núcleo Docente Estruturante – Ensino e Pesquisa – Santa Casa de Belo Horizonte.

SAULO CARVALHO

Graduado em Medicina pela UFMG. Residência em Psiquiatria e Psicoterapia pelo Instituto Raul Soares – IRS/FHEMIG. Mestre em Estudos psicanalíticos pela UFMG. Doutorando em Estudos Psicanalíticos pela UFMG. Professor Assistente do curso de Medicina da PUC Minas – Betim e Contagem.

SÉRGIO DE CAMPOS

Autor dos livros *Passema: testemunhos de um final de análise*, *Supereu: das origens ao seus destinos*, *Obesidade em jovens: a lógica psicanalítica do ganho de peso* e organizador do livro *A formação do psiquiatra*. Psiquiatra pelo Hospital das Clínicas da Faculdade de Medicina da UFMG. Membro da Escola Brasileira de Psicanálise – EBP e da Associação Mundial de Psicanálise – AMP. AE da EBP e da AMP (2009-2012); Presidente da EBP (2015-2017). Especialista em Filosofia pela UFMG. Mestre em Estudos Psicanalíticos pela UFMG. Doutor em Ciências da Saúde pela UFMG. Preceptor e Coordenador da Residência de Psiquiatria do Instituto Raul Soares – IRS/FHEMIG (2003-2012 e 2015-2019). Psiquiatra do HGIP/IPSEMG.

THALISSON XAVIER SOUSA

Médico pela UNIFENAS. Psiquiatra pelo Centro Hospitalar Psiquiátrico de Barbacena – CHPB/FHEMIG. Residente em Psiquiatria da Infância e Adolescência pelo Centro Psíquico da Infância e Adolescência – CEPAI/FHEMIG.

TÁRIK JABOUR VENUTO

Médico pela UFJF. Psiquiatra pelo Centro Hospitalar Psiquiátrico de Barbacena – CHPB/FHEMIG.

Construindo ideias
e conectando mentes

Este livro foi composto com tipografia Minion Pro
e impresso em papel Pólen Soft 80g.
na Gráfica Formato em fevereiro de 2022.